딱딱한 형식의 껍질 속에 불안한 속살을 감춘

갑각류
레드 편

크리스천

딱딱한 형식의 껍질 속에 불안한 속살을 감춘

갑각류
레드 편
크리스쳔

옥성호 지음

PROLOGUE

나는
갑각류 크리스쳔인가?

"우리나라 크리스쳔들은 다 갑각류야. 겉모습은 엄청 단단하고 흔들림이 없어 보이는데, 실상 그 속은 연약한 살로 가득 채워진 갑각류……. 그러다 보니 겉으로 드러나는 것들에 더 집착해. 새벽기도, 십일조, 술 담배 안 하기 등등……. 속이 허할수록 밖으로 드러내는 이런 신앙 행동 양태에 더 집착하지. 왜 그런지 알아? 겉이 무너지면 속까지 다 무너지기 때문이야."

2011년 초, 남포교회 박영선 목사를 만났을 때 그분이 한 말이다. 나는 이 말을 듣는 순간 '갑각류 크리스쳔'이라는 제목이 퍼뜩 떠올랐다. 그분의 진단이 비록 아프게 다가왔지만 너무도 정확히 오늘날 우리 교회의 현실을 꼬집었기 때문에 무룰을 칠 수밖에 없었다. 나는 물었다.

"목사님, 어쩌다 우리는 그렇게 갑각류가 되었을까요?"

"무엇보다 신학이 없으니까 그렇지. 사실상 무엇을, 그리고 왜 믿는지도 잘 모르니까. 또 제대로 된 기독교 문화가 없으니까. 그러니까 겉으로 드러나는 것 몇 가지가 무너지면 마치 다 무너진 것처럼 생각하고 그것들에 죽어라 집착하지."

우리 현실이, 우리의 모습이 갑각류와 다르지 않다는 박 목사의 진단은 참으로 많은 것을 시사한다. 평생 교회를 다닌 수많은 크리스천에게 신학이 없다니, 또한 우리 교회 공동체 안에 기독교 문화가 없다니……. 이렇게 짚히는 두 가지 문제는 이 책 한두 페이지로 간단히 다룰 수 있는 주제가 아니다. 따라서 이 부분에 대한 제대로 된 논의는 다음으로 미루고 여기서는 갑각류 크리스천의 특징 몇 가지만 우선 생각해볼까 한다.

갑각류 하면 어떤 것들이 떠오르는가? 새우, 가재, 게……. 대충 이런 것들이다. 갑각류는, 겉껍질은 단단한데 그 속에 든 살은 한없이 나약하고 작은 충격에도 쉽게 허물어지는 동물이다. 들여다보면 그다지 실속 없는 이 갑각류의 이미지에서 우리는 자연스레 갑각류 크리스천을 떠올릴 수 있다.

갑각류 크리스천의 첫 번째 특징은 무엇보다 속에 담긴 내용보다 겉으로 드러나는 모습에 집착한다는 점이다. 겉모습만으로 쉽게 판단하고 그 이면에 숨어 있는 진심에는 별 관심이 없다. 외적인 것에 집착하는 사람들이 많이 모인 곳에서 살다 보면 누구나 겉과 속이 다른 이중성에 물들게 마련이고, 그 때문에 본의 아니게 가면을 쓰고 살기도 한다.

시카고에 내가 잘 아는 한 장로가 있다. 그는 식당에서 소주를 마실 때 남의 이목을 의식해 사이다 잔에 소주를 따라 마시곤 했다. 뭐, 이런 식이다. 술 마시는 장로가 교회 안에서 발붙이기란 쉽지 않으니까. 이것이 현실이다. 나는 우리 교회가 그 어떤 문제들보다 술 담배 문제에 대단히 엄격한 잣대를 들이대는 것 같은 느낌을 지울 수 없다. 그래서 언젠가 다음과 같은 주제로 칼럼을 쓰다가 만 적이 있다.

'목사님들! 제발 술 담배 좀 하시면서 스트레스 풀고 대신 돈, 여자 문제로 대형 사고들 좀 치지 마세요.'

칼럼을 반쯤 썼는데, 어디에 실어야 할지 애매하고 또 설령 글을 싣는다 해도 이후 사방에서 날아올 돌을 생각하니 갑갑해져 결국 탈고를 머릿속에서만 끝냈다.

사실, 술 담배와 비교도 될 수 없는 부도덕한 잘못들이 우리의 교회 안에 얼마나 많은가? 미국 한인 사회의 예를 하나만 들어보자. 나는 10년 넘게 한인 교회를 다녔지만, 단 한 번도 강단에서 세금을 정직하게 내라는 설교를 들은 적이 없다. 왜? 미국의 세금은 장난이 아니니까. 그러다 보니 개인 사업을 하는 많은 한인에게 현금 거래는 세금을 내지 않아도 되는 중요한 루트가 된다. 탈세가 부가 수입을 얻는 데 쏠쏠한 수단이 되는 것이다. 그러니 이 문제를 교회가 건드리자면 반발할 사람들이 너무 많아진다. 의도적인 세금 미납으로 추가 수입을 챙기는 교인들이 다른 것은 몰라도 십일조만큼은 확실하게 낸다고 볼 때, 교회 입장에서 정직한 세금 납부를 굳이 강조할 이유가 없다. 이에 반해 술 담배에 대한 경고는 교회 안에서 너무도 쉽게 한다. 과연 어떤 것이 더 큰 잘못일까?

사람마다 생각이 다를 수 있겠지만, 상식적으로 따져보자. 과연 목사가 저지르는 가장 큰 잘못은 무엇일까? 나는 단연코 교회 돈과 자신의 돈을 구분하지 못하는 것이라고 생각한다. 교회 돈도 내 돈, 내 돈은 당연히 내 돈⋯⋯. 솔직히 말해 지금 한국 교회 안에서 목회자들이 일으키는 대부분의 문제가 결국은 돈 때문이 아닌가.

또 이런 예를 들어보자. 평소 아주 신앙이 좋은 줄 알았던 어떤 집사에 관한 한 가지 사실을 당신이 우연히 알게 되었다고 치자. 그것은 그 집사가 십일조를 안 한다는 실로 놀라운 사실! 보장한다. 그 집사에 대한 당신의 기존 생각이 상당 부분 바뀌리라는 것을……. 그런데 그가 새벽기도도 안 나오고 아침 큐티도 종종 빼먹는다는 충격적인 이야기마저 연이어 듣는다면? 어쩌면 당신은 그에게 지금까지 속았다며 괘씸해할지도 모르겠다. 이것이 우리의 현실이다.

갑각류 크리스천의 두 번째 특징은 유명하다는 사람에게 매우 취약하고 그렇기에 이른바 성공한 사람을 쉽게 숭배한다는 점이다. 확실히 갑각류 크리스천은 유명인에게 대단히 관심이 많다. 그 사람은 어떻게 예수를 믿었는지, 저 사람은 어떻게 그토록 성공했는지, 이 사람은 도대체 하나님과 무슨 놈의 핫라인이 있기에 저토록 돈 잘 벌고 잘나가는지……. 그 성공한 사람의 삶, 어딘가 숨어 있을 것 같은 모범 답안, 비결에 굉장히 관심이 많다. 그래서 갑각류 크리스천들이 가장 좋아하는 책은 유명인의 간증집이고, 가장 좋아하는 집회는 그들의 간증 집회다. 아무리 교회를 오래 다녔을지라도 성경 말씀을 심도 있게 다룬 신학 서적은 기피한다.

갑각류 크리스천들에게 무엇보다 필요한 것은 누군가의

'기막힌 스토리'다. 그들은 그 누군가가 가진 확신이 자신에게 없다는 것에 안타까워할 뿐이다. 그러니 제 딴에 뭔가 차원이 다를 것만 같은 사람들의 이야기에 목을 맨다. 그 차원이 다를 것만 같은 사람들은 게다가 방언을 쏟아내고 장풍을 날리며 병까지 고치고 있다 하니 오죽할까.

손에 성경을 들고 다니지만, 갑각류 크리스천들에게 정작 중요한 것은 말씀의 '의미'가 아니라 말씀의 '효과'다. 성경이 효과로 그 가치가 증명된다면, 그게 부적과 다를 게 뭐 있을까. 성경이 무엇을, 왜 말하는지에 대한 관심 대신 간증 집회에 목을 매며 그 유명한 사람이 하는 신기한 이야기에 넋을 놓고 있는 한, 우리의 껍질은 점점 더 단단해질지 몰라도 우리의 속살은 더 연약해질 것이다.

갑각류 크리스천의 세 번째 특징은 이처럼 내용보다 효과를 중시하기 때문에 감정 고양에 더 치중한다는 점이다. 이 주제에 관하여 나는 이미 꽤 두꺼운 책을 한 권 썼다(『엔터테인먼트에 물든 부족한 기독교』, 부흥과개혁사, 2010). 한 가지만 덧붙이자면, 집단 노래와 타악기를 중심으로 한 요란한 사운드가 주는 흥분을 교회 안에만 있는 무슨 특별하고 신령한 은혜로 생각하면 안 된다는 사실이다. 집단 노래, 그러니까 머릿수가 많으면 많을수록 그 집단이 함께 부를 때 느끼는 흥분은 더 고조된다. 이 주제와 관련해서는 이미 많은 책이 나와 있다.

우리는 흔히 '은혜'라고 말하지만 집단적으로 모여 뭔가를 함께 외칠 때 사람이 느끼는 그 소름 돋는 흥분은 꼭 교회에만 국한된 것이 아니다. 비근한 예로 2002년 서울월드컵경기장에 모인 10만 붉은악마를 중심으로 방방곡곡 수백만 명이 '대한민국'을 함께 외칠 때 느꼈던 감동과 가슴 터질 듯한 그 흥분을 생각해보라. 이것이 바로 집단 함성(노래)이 주는 효과다.

속살이 여린 갑각류 크리스천은 겉으로 보기에 너무도 감동적인 모습으로 손을 들고 찬양을 반복하며 쉽게 눈물 흘린다. 찬양을 통한 감정적 엑스터시야말로 21세기에 들어와, 특히 자라나는 청소년 갑각류 크리스천들에게 최고로 각광받는 영역이다. 문제의 핵심은 주객이 전도되어 있다는 사실이다.

갑각류 크리스천의 네 번째 특징은 신앙에 대한 이성적 의문에 민감하게 거부 반응을 일으킨다는 점이다. 이유는 간단하다. 두렵기 때문이고 부담스럽기 때문이다. 내 여린 속살을 굳건히 감싸고 있는 딱딱한 나의 갑각, 그 껍질에 행여 균열이 갈까 겁을 먹기 때문이다. 그렇기에 자기 신앙생활을 향해 누군가가 의문을 제기하거나 비판할 때 즉각 수동적으로 그리고 방어적으로 대응한다. 누군가가 "하나님이 정말 계실까?" 하는 지극히 인간적이고 원론적인 질문 하나만 던져도 화들짝 놀라며 질문자를 전과는 다른 눈으로 본다. 왜? 겉껍질은 단단해 보이지만, 실상 그 껍질 속의 속살은 부실한 만큼 두렵기 때문이다. 그러니 반응이라고 해봐야 "그냥 믿어", "때가 되면 다 알게 돼", "인간이 감히 어떻게 하나님의 뜻을 알 수 있겠니?" 등의 뻔한 대답이 고작이다.

단단한 껍질 뒤에 숨은 채 여간해서 자기 속내를 드러내지 않는다. 몰라도 모른다고 말하지 않고 기필코 아는 척을 한다. 의심이 들지만 결코 의심한다고 말하지 않고, 대신 모든 회의에 달관한 듯한 미소를 짓는다. 그래서 이제껏 그랬듯 앞으로도 항상 그런 척하고 살 것이기 때문에, 때때로 자기 껍질을 건드리는 각종 위협에 본능적으로 화를 내거나 거기서 한 걸음 더 나아가 상대에게 이단이라는 딱지를 붙여서라도 자신을 보호하려 한다.

한때 한국 정치가 야만으로 정점을 찍던 시절, 세상을 평정하는 막강한 단어 하나가 있었다. 바로 '빨갱이'다. 이 무시무시한 딱지가 붙은 사람은 세상을 제대로 살아갈 수 없었다.

이제 세상은 그나마 많이 바뀌었다. 그러나 교회는 그다지 바뀌지 않았다. '빨갱이'라는 말처럼 지금 교회에는 여전히 교계를 단숨에 평정하는 공포의 한 단어가 있다. 바로 '이단'이다. 이 단어를 내가 누군가에게 붙일 수 있다는 사실만으로 나는 정통이 되고 무죄가 된다.

지금까지 언급한 이 갑각류 크리스천의 삶이 행복해 보이는가? 그렇다고 한다면 그냥 그대로 살면 될 것이다. 하지만 그렇지 않다면, 우리는 과연 어떻게 해야 할까? 내 껍질뿐 아니라 내 속살까지도 단단하게 만들 수 있는 길은 과연 무엇일까?

그 첫걸음은 바로 이것이다.

나의 의문과 그 회의적인 시각을 솔직히 드러내고, 그런 다음 치열하게 질문하는 것부터 시작해야 한다. 나는 이것이 내 속살을 다지며 진정한 믿음으로 가는 길이라고 확신한다. 왜 그런지에 대한 구체적인 이야기는 향후 발간될 책 『갑각류 크리스천 블랙 편』에서 자세히 논할 것이다.

내 안의 솔직한 질문들이 쌓이면 그 의문들을 토대로 더 나은 신학, 더 정교한 신학에 대한 갈망을 키우고 그에 걸맞은 답을 찾게 될 것이다. 황당무계한 영적 무협지와 같은 간증집 따위에 더 이상 관심이 가지 않을 것이다. 인간이라는 나의 존재가 솔직히 묻는 질문들에 답해줄 수 있는 책과 선생을 찾으려 애쓸 것이다.

나는 지금도 여전히 '가장 좋은 신학은 가장 좋은 변증이다'라는 말을 신뢰한다. 결국 어떤 책을 읽을 것인가, 그래서 과거에 전혀 보지 못하던 것들을 얼마나 많이 볼 수 있는 눈을 갖게 될 것인지가 관건이다. 우리가 꼭 읽었으면 하는 책에 관한 이야기들이 이 책 안에 담겨 있다.

한 가지 미리 꼭 강조하고 싶은 것이 있다. 내가 어떤 신앙 서적을 읽는가의 여부는 단순히 나 하나의 문제가 아니라 한국 교회 전체에 영향을 미치는 중대한 사항이라는 점이다. 이런 의미로 언젠가 나는 트위터에 다음과 같이 썼다.

'교회의 수준은 목회자의 수준이고, 목회자의 수준은 성도의 수준이며, 성도의 수준은 그가 읽는 책의 수준이다.'

학생이 어려운 질문을 많이 하면 선생은 더 열심히 수업을 준비한다. 지금 우리에게는 바로 이런 노력이 필요하다. 어려운 질문을 던지며 우리가 믿는 신앙 진리를 진지하게 탐구하는 학생의 자세가 필요한 것이다.

많은 교회가 갖가지 황당한 일에 휩싸여 욕을 먹고 있다. 누구의 문제인가? 목사의 문제인가? 아니다. 목사들 잘못이 아니다. 그들을 그렇게 만든 당신과 나의 잘못이다. 은혜라는 이름으로, 사랑이란 이름으로 장님처럼, 좀비처럼 교회 권력에 맹종한 우리의 잘못이다.

우리나라 정치인들을 생각해보라. 왜 그들이 아직도 그 수준인가? 우리 국민의 수준이 딱 거기까지이기 때문이다. 왜 그들이 여전히 국민을 무시하는가? 국민이 무시를 받을 만하게 행동하기 때문이다. 잊어도 되는 것들은 꼭 기억하고, 특히나 선거 때 꼭 기억해야 할 것들은 정작 잊어버리기 때문이다. 그래도 세상이 바뀌면서 정치는 그나마 교회에 비해 많이 나아지고 있다. 인터넷의 힘 덕분에 정치인들이 슬슬 유권자들의 눈치를 보기 시작했다.

하지만 지금 교회는 어떤가? 물론 이는 몇몇 큰 교회들에게 해당되는 이야기다. 목사가 교황이 되어버린 일부 대형 교회들의 이야기다. 까놓고 말해서 그들이 성도 한 명 한 명에게 관심이나 있는가? 왜 그런 일이 당연시될까? 성도들이 딱 그런 대접을 받을 만큼의 수준으로 행동하기 때문이다.

은혜라는 이름으로, 사랑이라는 이름으로, 하나님의 주권이라는 그럴싸한 명목으로 맹신하며 무조건 덮지 말자. 밑도 끝도 없는 순종, 좋은 게 좋은 것이라는 지극히 수동적인 자세는 더 이상 미덕이 아니다.

공부하고, 생각하고, 질문하고, 회의하는 크리스천이 되어야 한다. 겉껍질뿐 아니라 속까지 단단한 크리스천이 되는 첫 걸음, 거창하게 말해 한국 교회가 바른 길로 돌아오는 데 다른 방법은 없다.

2012년 5월
옥성호

CONTENTS

PROLOGUE 나는 갑각류 크리스천인가? _ 004

PART 1 '갑각'한 평신도

01. 삼성그룹 회장실을 기도실로 만든 이건희 회장? _ 020
02. 나는 무엇에 굶주려 있는가? _ 040
03. 예수, 바울이 담임목사가 되어도 답이 안 나오는 교회 _ 046
04. 전도 필살기, 스토킹 전도법 _ 054
05. 차범근 감독과 최순호 감독이 '쎈' 기도로 붙었다 _ 064
06. 갑각을 다지는 기독교 베스트셀러 감상법 _ 076
07. 이게 다 붉은악마 탓이다? _ 088
08. 신비주의에 낚인 갑각한 성도 _ 098
09. 나는 바울에게 열등감을 느꼈다 _ 110

PART 2 '갑각'한 목회자

10. 셀프 소명자 _ 124
11. 갑갑한 갑각 설교의 한 사례 _ 138
12. 여보, 오늘 하나님이
    밥 대신 짜장면을 먹으라 하시네요! _ 148
13. 송광사의 예불과 트리에스테 커피의 공통점은? _ 158
14. 말발의 설교, 성령의 설교 _ 164
15. 신유 은사? 교회에서 자꾸 작두 탈래? _ 174
16. 설교자냐, 교회 CEO냐? _ 190
17. 침묵의 카르텔, 닥치고 아멘! _ 206
18. 아! 우리에게는 목사가 너무 많다 _ 216
19. 초록물고기 혹은 조롱물고기 _ 226

PART 3 이제는 '갑각' 탈피

20. 김연아라면 어떻게 했을까? _ 236
21. 나에게는 기독교가 가장 효과가 있어요 _ 246
22. 내려놓는 투자 _ 256
23. 충분한 기독교를 향한 나의 실험 _ 266
24. 아! 내 안에 천국은… _ 276

EPILOGUE 나는 갑각류 크리스쳔이었다 _ 296
긍정의 메신저, 그는 갑각류 목사다 _ 306

PART 1

'갑각'한 평신도

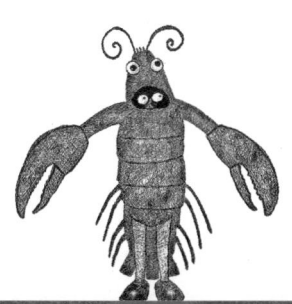

01. 삼성그룹 회장실을 기도실로 만든 이건희 회장?
02. 나는 무엇에 굶주려 있는가?
03. 예수, 바울이 담임목사가 되어도 답이 안 나오는 교회
04. 전도 필살기, 스토킹 전도법
05. 차범근 감독과 최순호 감독이 '쎈' 기도로 붙었다
06. 갑각을 다지는 기독교 베스트셀러 감상법
07. 이게 다 붉은악마 탓이다?
08. 신비주의에 낚인 갑각한 성도
09. 나는 바울에게 열등감을 느꼈다

01.
삼성그룹 회장실을
기도실로 만든 이건희 회장?

예수 그리스도의
복음은 유명인의 인기에
의존하지 않는다.

※ 본문 중 인용된 독자 서평은 해당 독자분과 연락이 닿지 않아 부득이하게 허락을 받지 못했습니다.
　해당 서평을 쓰신 독자님께 정중히 양해를 구합니다.

만약 에이브러햄 링컨이 백악관을 정말 기도실로 만들었다면……. 취임식 때마다 성경에 손을 올리고 선서하는 모든 미국 대통령은 누구나 예외 없이 이렇게 외칠 수 있으리라. "나는 내 취임식을 심령 대부흥회로 만들었다"라고…….

시카고의 한인 가게들 벽면에 어느 날부터인가 한 포스터가 붙었다. '박정희 대통령에게 전도한 사람'으로 알려진 어떤 이의 간증 집회 광고였다. 물론 박 전 대통령의 전도 이야기는 하나의 '미끼'이고 주된 내용은 그 간증자의 신앙 고백이었다. 그는 기독교 방송에도 많이 나왔고 또 워낙 여러 교회를 다녔기 때문에 전에 나도 그의 간증을 들은 적이 있다. 정말로 신실하게 열심히 신앙생활을 하는 훌륭한 크리스천이다. 내가 이 이야기를 하는 이유는 이런 질문 때문이다.

'왜 누가 누구를 전도했다는 그 사실만으로도 광고가 될까?'

생각해보자. 도대체 이 사람이 박 전 대통령을 전도했다는 사실이 왜 사람들의 흥미를 끄는가? 나름대로 생각해볼 때, 다음과 같은 호기심 때문이 아닐까 싶다.

첫째, 박정희 대통령을 전도할 정도의 기막힌 전도 비법이란 과연 무엇일까?

둘째, 이 사람이 박정희 대통령 같은 사람에게 전도할 정도의 담대한 신앙을 가지게 된 비결이 무엇일까?

셋째, 박정희 대통령이 과연 어떻게 반응했을까?

간증 집회라는 것이 우리나라만큼 대중화되고 또 상업화된 곳도 없는 것 같다. 얼마 전, 시카고에 왔던 어떤 여자 간증인은 몇 년치 간증 집회 스케줄이 꽉 차 있다고 했다. 그 이야기에 나는 아주 놀랐다. 간증 집회와 더불어 한국 기독교계를 장악하는 또 하나의 시류가 있다면 '간증 서적'의 범람이다. 보통 간증 서적이 베스트셀러로 뜨면 그 책의 저자는 간증 집회의 스타로 자연스럽게 이어지는 것 같다.

내가 십수 년 전 미국에서 맨땅에 헤딩하며 세일즈 영역을 개척할 때 가장 열심히 한 것이 성공한 세일즈맨들의 책을 읽고 그들을 그대로 모방하는 일이었다. 성공하는 사람들의 일곱 가지 습관을 언급한 스티븐 코비Stephen R. Covey 외, 브라이언 트레이시Brian Tracy, 지그 지글러Zig Ziglar, 앤서니 라빈스

Anthony Robbins……. 그들은 모두 하나같이 말한다.

"성공하고 싶으면 성공한 사람들을 모방하라!"

성공한 사람들을 흉내 내면 대충은 비슷해진다. 호랑이는 못 그려도 고양이 비슷한 것은 그릴 수 있다. 특히 세일즈에서는 더더욱 그렇다. 세일즈에서 일종의 성공한 족집게 과외 선생을 책으로 만나 배우는 셈이다. 그렇게 열심히 모방하다 보면 자기도 모르게 나만의 개성이 드러난 독특한 방법들이 한둘씩 나오게 되고, 그게 쌓여서 더 실적을 쌓게 되면 어느새 새로운 스타로 발돋움할지도 모른다. 그래서 세일즈 쪽에서 일하는 사람들은 무조건 책을 많이 읽어야 한다. 그 사람이 파는 것이 손에 잡히는 물건이든 아니면 무형의 서비스든 간에 말이다.

그런데 나는 한국에서 특히 유행하는 간증 서적들이나 간증 집회들을 보면서 많은 사람이 신앙에서도 일종의 '족집게 과외 선생'을 찾는 것은 아닌가 하는 의구심을 품게 된다. '은혜 받는다'는 명목하에 사실상 많은 사람이 간증을 갈구하는 데에는 위에 열거한 세 가지 중 특히 두 번째가 많이 작용한 것이 아닐까 싶다.

'이 사람이 박정희 같은 사람에게 전도할 정도의 담대한

신앙을 가지게 된 비결이 무엇일까?'

이 의문을 좀 더 구체적으로 표현하자면 이렇다.

"아니, 다른 사람도 아니고 그 무서운 독재자 박 대통령한테 두려움 없이 전도를 하다니 도대체 이 사람의 신앙은 어떤 것일까? 박 대통령한테 전도할 정도의 신앙이니 이 사람은 내가 지금 가지고 있는 신앙의 회의나 의심 같은 건 손톱만큼도 없겠지? 아! 도대체 이 사람은 이런 신앙을 어떻게 갖게 되었을까?"

가장 중요한 사실 하나……. 하나님의 존재에 대한 막연한 불안을 해결하고 싶은 욕구에서부터 기복 없이 안정된 신앙을 갈망하는 마음들이 모여 지금도 간증 서적과 간증 집회는 수많은 사람을 끌어모으고 있다.

지금까지의 이야기를 바탕으로 두 가지를 지적하고 싶다.

첫 번째는 이것이다.

'신앙에는 족집게 과외 선생도 없고 족집게 비결도 없다.'

내가 책을 만드는 입장에서 볼 때 간증집이라고 다 잘 팔리지는 않는다. 아니 오히려 간증집의 판매율은 점점 더 떨어져만 간다. 간증집의 주인공이 아무리 유명인일지라도 별반 차이가 없다. 세상 살기가 점점 힘들어지는 상황에서 아무리 유명인이라도 굳이 내가 만난 적도 없는 사람의 이야기까지 들을 마음의 여유가 없어서인지도 모르겠다. 하지만 그런 중에도 잘 팔리는 간증집은 있게 마련이다.

"나도 저 사람과 똑같이 하면 저 사람처럼 될 수 있는 거야?"

이런 확실한 동기부여를 유도하는 책은 여전히 시장성이 있다. 하지만 현실은 척박하기 그지없다. 저 사람이 큐티를 한다고 나도 큐티하고, 저 사람이 새벽기도 다닌다고 나도 다니고, 저 사람처럼 나도 십일조를 한다고 그이처럼 돈이 막 굴러 들어오고……. 이런 일은 없기 때문이다. 원래 공부 못하는 아이일수록 책 한 권을 제대로 공부하기보다는 이 참고서, 저 참고서 기웃거리며 친구들이 좋다는 책이라면 무조건 사들여 책장만 꽉꽉 채우는 법이다. 신앙생활에서도 족집게 과외선생을 찾듯 간증집을 찾는 사람은 이런 학생과 별반 다르지 않다.

하지만 간증집이 갖는 또 하나의 큰 문제는 무엇보다 넘치는 간증들 중에 '하나님은 정말 살아계실까?'라는 등 인간의 근본적인 질문에조차 답이 소홀하다는 점이다. 답은 고사하고 그에 대한 진지한 고민의 흔적이라도 묻어 있는 경우를 발견하는 것은 정말로 하늘의 별 따기다. 도리어 황당한 은사 중심의 간증들, 무슨 무협지에나 나올 것 같은 황당 사례들이 '믿음'이라는 이름으로 심심찮게 등장한다. 글쎄, 기왕 팔기 위해서라면 간증도 화끈해야 한다고 생각하기 때문일지도 모르겠다. 물론 수많은 간증집 중에서 최고봉을 들자면 단연 천국에 갔다 왔다는 황당한 스토리들일 것이다.

그런데 이런 족집게를 찾는 것은 성도들에게만 국한되지 않는다. 성도들에게 간증이 유행한다면 교회 차원에서는 많은 목회자들이 소위 성공 프로그램을 찾아서 세미나만 수십 개씩 참석하는 것이 같은 차원의 발버둥이라고 볼 수 있겠다. 여기서 두 날개가 떴다고 하면 두 날개를 붙이러 간다. 그러다 갑자기 요즘은 세 날개가 뜬다고 하면 날개를 하나 더 달려고 또다시 달려간다.

두 번째는 이것이다.

'신앙에서 족집게 과외 선생으로 이름을 알리려면 유명한 사람이 반드시 연관되어야 한다.'

내가 박정희 대통령, 그 사람이거나 아니면 내가 박정희 대통령을 전도했거나……. 이 두 가지 중 하나가 되어야 한다는 말이다. 그래야 사람들이 귀를 기울인다. 유명하지 않은 사람의 이야기는 그 이야기에 아무리 깊이가 있어도 별 주목을 받지 못한다.

　이런 유명인의 이름에 기대어 사람들의 마음을 현혹한 대표적인 책 중 『백악관을 기도실로 만든 대통령 링컨』이라는 책이 있다. 사실, 이 책은 링컨 대통령이 직접 쓴 게 아니니까 간증 책은 아니다. 하지만 이 책을 손에 쥐는 많은 사람은 아마도 이렇게 생각할 것이다.

　'아니, 도대체 얼마나 대단한 신앙을 가졌으면 백악관에다가 기도실을 만들 수 있었을까?'

　'어떻게 링컨은 그 불우한 어린 시절을 극복하고 대통령까지 될 수 있었을까? 도대체 어떤 신앙이었기에 하나님은 그토록 그를 축복했을까?'

　'우리 아이들을 어떻게 교육시켜야 링컨과 같은 신앙을 가질 수 있게 할까?'

　결국 신앙의 어떤 비결을 찾고자 한다는 면에서, 그리고 세계적으로 유명한 인물이 제시하는 비결이니만큼 그 신빙성을 확신한다는 면에서 우리가 지금까지 논의한 주제와 연결된다고 할 수 있다. 나는 개인적으로 링컨에 대한 책들을 좀 읽어서 링컨이 어떤 신앙관을 가지고 있었고 또한 당시 그가 기독교계로부터 어떤 평가를 받았는지 정도는 나름 세세하게 알고 있다. 중요한 점은 미국 건국의 아버지 조지 워싱턴 대통령이 어린 시절 자신의 아버지가 아끼는 벚나무를 찍은 후 그 사실을 정직하게 고백한 적이 전혀 없듯이, 링컨 대통령도 백악관에다 기도실을 만든 적이 없다는 사실이다. 아마도 역대 미국 대통령들 중 백악관에 기도실을 만들었을 가능성이 가장 높은 사람을 꼽자면 단연 조지 부시 대통령 단 한 명뿐일 것이다. 독실한 침례교도였던 지미 카터 대통령도 결코 그런 사람이 아니다.

한 인터넷 서점에 있는 『백악관을 기도실로 만든 대통령 링컨』에 대한 100개가 넘는 서평들은 하나같이 탄성과 감탄 일색이다. 오로지 단 하나의 서평을 빼고 말이다. 좀 길지만 그 서평을 여기에 싣겠다. '아전인수의 대표격인 책'이라는 제목으로 전광수라는 독자가 쓴 서평이다.

이 책은 한 크리스천으로서 미국사를 전공하는 내게, 아쉬움과 실망을 넘어 약간의 분노를 느끼게 만드는 책이다. 언제까지 이러한 책들이 기독교 신앙 서적 분야에서 베스트셀러 자리를 차지해야만 하는가! 참으로 안타깝기 그지없다.

흔히 한국 교회 목사님들이 자주 인용하시는 예화집에 나오는 많은 이야기들(미국의 위인을 소재로 하는)은 역사적으로 근거가 희박하거나 꽤 부풀린 내용들이 상당하다. 한 인물의 단점이나 부정적인 행적들은 쏙 빼버린 채, 그들이 단지 신앙인이었다는 이유만으로, 그들의 행적과 신앙을 부풀리는 일들이 비일비재하다. 그야말로 크리스천 입장에서의 '아전인수'인 것이다. 그 대표적인 인물이 바로 링컨이다.

저자는 링컨이 노예해방이라는 엄청난 위업을 달성한 위대한 대통령이었으며, 그 이유가 그가 바로 기도의 사람이었기 때문이라고 주장한다. 이러한 주장은 그 전제부터 잘못되었으며, 그 근거 역시 매우 희박하다.

저자는 링컨이 노예해방이라는 위대한 업적을 이룬 그야말로 시대의 영웅이라고 전제하고 있다. 그러나 이러한 주장을 인정하는 역사가는 거의 없을 것이다. 저자가 이렇게 주장하는 것을 보면, 저자는 링컨에 대한 현재 역사학계의 연구 성과에 대해 전혀 알고 있지 않다고 단정할 수밖에 없다.

흔히 우리가 잘못 알고 있는 역사적 사실 중 하나는, 링컨이 노예제폐지론자였다는 것이다. 하지만 실제로는 전혀 그렇지 않았다. 그는 노예제의 폐지를 주장한 사람이 아니라, 노예제는 인정하되 노예제의 확산만을 반대한 사람이었다. 그는 노예제를 유지해서라도 연방이 존속되어야 한다고 생각하는 연방주의자였다. 즉, 남부의 노예제는 유지하되 다른 주(state, 북부나 새로 생겨나는 서부의 주)로의 확산만큼은 반대한다는 입장이었다.

더 중요한 것은, 링컨이 기본적으로 흑인을 열등한 존재로 보는 인종주의자였다는 사실이다. 그는 백인과 흑인이 어울려 살면 문제만 생길 뿐이기 때문에, 전쟁 후에는 흑인들을 다른 지역(식민지와 같은)으로 이주시키는 정책을 고집했었다. 그는 흑인을 단지 같은 인간으로서 동정하였을 뿐이지, 백인과 흑인을 동등한 존재로 여긴 것은 아니다.

노예해방선언 역시 링컨의 숭고한 목적에 의해 이루어진 것이 아니었다. 지지부진한 남북전쟁(내전)의 상황에서, 벼랑 끝에서 돌파구로 취한 최후의 정치적 카드였다. 그 점을 잘 보여주는 것은, 노예 해방이 미국 전역에 대해 적용되는 것이 아니라, 바로 반란 주에만 적용되는 비상식적인 선언이었다. 또한 북부와 남부 경계로 서로 접하는 주에 대해서는 노예해방이 적용되지 않았다는 것이다. 이런 점을 볼 때, 노예해방선언은 남부 주에서의 흑인들의 폭동과 반란을 염두에 둔 정말로 정치적인 선언이었던 것이다. 실제로 그보다도 먼저 서부 변경 지역에서, 링컨 휘하 장군에 의해 노예해방이 선포된 적이 있다. 링컨은 이 사실에 매우 분노했고, 해방선언의 즉각적인 철회와 함께 그 장군을 경질했다.

 전쟁이 초반 예상과는 달리 끝없이 지지부진하게 되었고, 북부에서는 백인들의 징집 거부 폭동이 일어나는가 하면, 지지율은 끝없이 하락했고, 즉각적인 노예해방을 원하는 공화당 급진주의자들의 공격이 계속되었다. 그러면서 링컨은 노예해방선언을 조금씩 고려하기 시작하였다. 그러나 그것은 인도적 차원이 아닌 그야말로 정치적인 차원에서였다.

 물론 하나님께서 링컨을 노예해방이라는 위대한 계획의 도구로 삼으셨음은 틀림없는 사실이지만, 적어도 링컨이 그 도구로써 신실한 크리스천이었다는 점은 재고되어야 한다. 실상 링컨은 후대에 거의 신화가 되어버렸지만, 그것은 미국인들에게 특히 흑인들의 필요에 의한 것이었다.

 독자들은 링컨이 평생 교회 출석자가 아니었다는 사실을 알면 매우 놀랄 것이다. 물론 그가 하나님을 믿는 신앙이 있었다는 점은 분명한 사실이지만, 오늘날 우리가 생각하는 신실한 신앙생활을 영위한 사람은 아니었다. 그는 어느 교단, 어느 교회에 소속되어 정기적으로 출석하는 사람이 아니었다(이 책의 저자는 이러한 사실을 몰랐을지 알았을지 참으로 궁금하다). 그의 아내 역시 남편과 마찬가지로 기독교적 신앙심은 별반 없어서 아들의 죽음이 하나님의 뜻이란 것도 좀처럼 받아들이지 않았다. 다만, 링컨은 생애 말기에, 즉 전쟁이 심화될수록 또한 아들 중 하나가 병으로 죽은 뒤에 자주 성경을 읽으며 위안을 삼았고, 가끔 교회에 가서 홀로 기도하기도 하였다. 하지만 그것은 우리가 상상하는 것, 즉 오늘날의 관점에서 보는 것은 문제가 있다. 오늘날조차 미국인들 중 교회에 다니지 않지만 하나님을 인정하고 믿는 사람이 많은, 그 문화와 사회의 배경 자체가 기독교인 미국과 우리 한국의 사정이 다르기 때문이다. 당시는 특히나 종교적인 사회였던 것이다.

저자가 링컨을 위대한 신앙 인물로 평가하기 위해 사용한 중요한 근거는 바로 링컨의 연설문과 같은 공적인 문서들이었다. 과연 한 정치가의 연설문을 통해 그 사람의 신앙을 대변할 수 있는가 하는 문제는 당시 미국 사회가 대단히 종교적인 사회였다는 점을 염두에 둔다면, 그 해답이 명백하다. 오늘날 한국에서 한 정치가가 공개 석상에서 종교적인 입장을 드러내면 문제가 되겠지만, 당시 미국 사회에서는 그 반대였다. 당시에는 한 정치가가 무신론자라는 사실이 밝혀지면 그의 정치생명은 끝장이 날 정도로 대단히 종교적인 사회였다(제2차 대각성운동은 바로 남북전쟁 전에 있었다). 그러한 사회에서 정치가가 연설문에서 성경을 인용하고, 신앙적인 발언을 하는 것은 그야말로 정치적인 행동임을 간과해서는 안 된다. 그것을 개인의 신앙과 연결시키는 것은 그야말로 당시의 사회적 상황을 무시하는 바로 현재적 시각인 것이다.

저자의 이러한 부풀리기는 책 전반에 걸쳐 있다. 예를 하나 더 들어보면, 4부 30장 '링컨과 무디의 동역' 부분이다. 정말로 링컨이 당시 미국의 대표격인 부흥사 무디와 동역을 했단 말인가? 당연히 아니다. 저자는 단지 무디의 초청에 의해 '성경학교 모임'에 방문한 링컨이 연설을 한 번 해주었다는 것을 근거로 그 둘이 동역한 사이라고 말한다. 만약 그것을 동역이라고 말할 수 있다면, 한국의 60-80년대 독재정권 시절에 한국의 유명 목사님들이 청와대 조찬기도회에 가서 기도를 해준 것을 근거로, 박정희·전두환이 그 목사님들과 동역했다고 주장할 수도 있는 것이다.

솔직히 많은 기대를 가지고 책을 펼쳐보았지만, 역시 '백악관을 기도실로 만든 대통령'이라는 매우 자극적인 멘트에서 예상했던 대로 그 내용은 허탈했다. 솔직히 이런 종류의 책은 비단 이 책이 처음은 아니다. 이런 식의 과대 포장된 책은 이 책 외에도 많이 있다. 하지만 독자들이여, 링컨에 대한 역사학자들의 책이나 전기를 좀 살펴보라! 대표적으로 하버드 대학교 역사학과의 명예교수 데이비드 허버트 도날드David Herbert Donald(이른바 '링컨 전문가'로서 링컨의 전기를 비롯한 많은 연구를 했다)의 최근 저작인 『링컨』1995이란 책이 있다.

만약 독자들이 링컨에 대한 기타 다른 연구서와 전기를 본다면 이 책이 얼마나 그 역사적, 사실적 토대가 미약한지 알 수 있을 것이다.

오늘날 우리 크리스천에게 필요한 것은 링컨과 같은 영웅이 아니다. 우리에게 필요한 것은 이러한 아전인수 식의, 명확하지 않은 근거로 포장된 그야말로 우리 구미에 맞는 영웅이 필요한 것이 아니라, 우리의 교만한 생각을 낮추게 하고 편협한 시각을 바로잡게 할 더 객관적인 시각이다. 크리스천들 스스로가 자기 단점을 찾아 반성하고 회개하는 것이 진정 하나님이 원하시는 것이 아닐까.

『백악관을 기도실로 만든 대통령 링컨』은 한 권으로 끝나지 않았다. 어린이용은 이미 한참 전에 나왔고 또 언제 신혼부부용이 나올지도 모르겠다. 내 관심은 왜 이런 책이 어린이용으로까지 나오는 동안 내용에 대한 어떤 진지한 논의 자체가 아예 교회 내에서는 찾아볼 수 없는가 하는 점이다.

'즐겁게 읽고 은혜 받으면 되지 뭐가 문제라고 그래?'

내가 언젠가 아인슈타인이 크리스천이라고 철석같이 믿고 있는 한 사람에게 이런저런 증거들을 들어 그는 우리가 생각하는 전통적 개념의 크리스천이 아니라고 이야기했다. 그러자 그는 나를 보며 화를 냈다.

"아인슈타인이 크리스천이어서 당신에게 손해되는 게 뭐가 있다고 그래? 아인슈타인처럼 훌륭한 사람이 크리스천이면 우리 모두에게 좋은 거잖아?"

나는 그 말을 듣는 순간 내 귀를 의심했다. 아니, 아인슈타인이 옆에 없다고 자기 마음대로 아인슈타인을 크리스천으로 만들어도 상관없는가?

'왜, 기왕이면 아인슈타인이 아프리카에 선교사로 갔다가 거기서 순교했다고 믿지 그러냐? 아인슈타인의 상대성 이론도 아예 그가 기도원에서 금식기도 직후에 받은 계시로 찾은 것이라고 하고……'

나는 이런 말이 나오는 것을 참기 위해 혀를 깨물어야 했다. 지금 이 이야기를 읽는 사람들 중에 어이없어 하는 사람들이 제발 좀 많았으면 좋겠다. 그런데 참으로 황당한 사실은 우리 교회 내 너무도 많은 사람이 이런 식의 사고에 빠져 있다는 사실이다. 말도 안 되는 "은혜로 덮읍시다" 하는 식의 이야기와 함께 말이다.

무엇보다 가장 중요한 것은 사실 여부가 아닌가? 자신이 사랑하는 사람이 누군가에게 비참하게 살해되어도 그 살인자를 찾기보다는 그 사람이 '순교'했다고 생각하며 감사헌금을 할 건가? 사실을 명확히 하기보다 온갖 위선과 가면을 '은혜'라는 이름으로 치장하기 바쁜 모습은 우리 교회 내 크고 작은 곳에서 심심찮게 찾을 수 있다. 글쎄, 다들 이런 생각이 대세이기 때문인가?

만약 미국에서 어떤 목사가 『백악관을 기도실로 만든 대통령 링컨』과 동일한 내용의 책을 미국 기독교계에서 출판한다면, 다음 둘 중 하나의 결과가 생길 것이다. 그 목사는 개념 없는 사람으로 낙인 찍히거나 아니면 엄청난 센세이션을 일으키든가. 왜 센세이션을 일으킬 수 있는가? 링컨에 대한 역사 연구에서 새로운 장을 열었기 때문이다. 링컨이 무신론자였다는 사실이 링컨 연구에서 정설로 굳어지고 있는 지금 상황에서(링컨의 무신론적 사고와 관련해서는 몇 년 전 미국의 유명 시사 잡지 「뉴스위크」 Newsweek 지에서 커버스토리로 다뤄지기도 했다) 어느 목사가 이렇게 외치고 나왔으니 말이다.

"무슨 소리야? 누가 감히 링컨의 신앙을 의심하는가? 그는 백악관을 기도실로 만든 하나님의 사람이다. 내가 증거를 보여주겠다. 다들 이리 와라! 링컨을 모욕한 너희, 이제 다 죽었어!"

다행인지 불행인지 미국이 아닌 우리나라에서 먼저 발행

된 이 책의 내용들이 다 사실이라면, 우리는 우리에게 복음을 선한 미국을 향해 그나마 작은 보답을 할 수 있는 기회를 갖게 된다.

자기 나라의 대통령 중에서 백악관을 기도실로 만든 사람이 있었음을 까맣게 모르는 미국 크리스천에게, 아니 오히려 링컨의 신앙에 대해 말도 안 되는 오해를 하고 있는 미국인에게 하루라도 빨리 우리는 이 책을 알림으로써 말이다. 하루 속히 이 책을 영어로 번역해 미국 출판 시장에 내놓아야 한다. 하지만 내 생각에 이 경우는 스리랑카에서 스리랑카 사람 누군가가 '삼성그룹 회장실을 기도실로 만든 이건희 회장'이라는 책을 쓰고 그 책이 스리랑카에서 날개 돋친 듯 팔리는 일과 다르지 않다. 내가 볼 때 '삼성그룹 회장실을 기도실로 만든 이건희 회장', 그 책이 한국어로 번역될 가능성은 거의 없을 것이다.

왜?

사실이 아니니까.

말도 안 되는 헛소리니까.

무엇보다 내 관심은 왜 우리는 이토록 '남의 성공 신앙'에 관심이 많을까 하는 점이다. 말씀이 우리 교회 안에서 점점 사라지기에 그 자리를 다른 누군가가, 그것도 주로 유명인의 '신앙 전기나 간증'이 대신 채우는 것은 아닐까? 오늘날 말씀을 선포하는 것보다 '성공 간증'을 하는 연예인이나 유명인을 부르는 데 더 급급한 교회들은 정말로 정신 차려야 한다. 특히나 청소년을 상대로 전도 집회를 한다면서 무조건 연예인들 초청해서 들이미는 사역자들은 진짜 대오각성해야 한다. 에이든 토저 Aiden Tozer 목사는 말했다.

"예수 그리스도의 복음은 유명인의 인기에 의존하지 않습니다."

겉은 좀 단단해 보일지 몰라도 속은 물만 차고 텅 빈 미더덕 같은 신앙이기 때문에 남의 허울 좋은 성공 이야기에 얼이 빠지는 일이 발생한다. 전기의 탈을 쓰고 간증이란 이름으로 전해지는 황당무계한 이야기는 읽거나 듣는 사람들에게 도리어 비정상적인 기대만 하게 만들고 결국은 더 큰 좌절과 회의를 줄 수도 있다. 무엇보다 하나님은 우리가 족집게 신앙 과외를 받아 하나님이 치르는 시험에서 100점을 맞기를 원하시지 않는다. 우리가 서 있는 그 자리에서 더욱더 예수 그리스도를 바라보며 사는 것, 그것이 중요하다. 유명인을 특히 사랑하시고 축복하시는 하나님이 아니라 지금 여기서 나를 사랑하시는 하나님을 바로 보는 것이 중요하다.

마지막으로 오해의 소지를 막기 위해서……. 아주 성실하고 정직하게 쓰인 좋은 신앙 전기들도 많이 있다. 그런 전기들을 읽고 나면 믿음이 주는 황당한 장밋빛 인생을 꿈꾸는 대신 도리어 우리가 평생 나아가야 할 어떤 방향 내지 신앙의 깊이가 주는 경외감을 느끼게 된다. 그런 정직한 전기들이 좀 많이 나왔으면 좋겠다.

02.
나는 무엇에
굶주려 있는가?

교회,
혹시 당신의 욕망을
채우기 위한 도구는 아닌가?

기업은 긍정의 힘이 필요하지만 교회는 은혜의 힘이 필요하다. 교회가 은혜의 힘이 아닌 긍정의 힘을 강조할수록 그 교회는 점점 더 기업처럼 변해갈 수밖에 없다. 은혜의 힘 속에는 '죄'와 '회개'가 있다. 긍정의 힘 속에는 '확장'만이 있다.

'나는 누구인가?'의 본질을 규명하도록 하는 단서에는 여러 가지가 있다. 그중 하나는 '나는 무엇에 굶주려 있는가?'를 살펴보는 것이다. 이 말을 개혁주의 신학자 존 파이퍼John Piper 목사의 시각으로 보면 '나는 무엇에 기뻐하는가?'라고도 할 수 있다. 진정 무엇에 굶주려 있는지를 정확히 아는 것은 나 자신을 파악하는 데 아주 중요한 단서가 될 것이다. 굶주림의 대상을 꿰뚫어볼 수 있다면, 이는 나의 본질이 비춰진 거울을 그대로 보는 것과 같을 테니까. 물론 이 질문은 기독교에서도 동일하게 적용할 수 있다.

"우리 교회는 지금 무엇에 굶주려 있는가?"

몇 해 전 내가 다니던 시카고의 한 교회에서 당회와 성도대다수 사이에 분란이 일어났다. 6개월 정도 진행된 그 분란은 당회를 따르던 교인들이 근처 다른 교회에서 따로 예배를 드리며 일단락되었다. 하지만 두 곳에서 같은 교회 이름을 쓰고 또 재산권과 관련해서도 마무리가 안 되었기 때문에 모든 문제가 해결되기까지는 여전히 갈 길이 멀어 보였다.

이탈한 교인들이 본 교회를 떠나 따로 예배를 드리는 인근 교회는 30년 전까지만 해도 시카고에서 가장 큰 한인 교회였다. 그러나 그 교회는 몇 차례 분쟁으로 쪼개진 끝에 1,000명 가까이 들어갈 수 있는 예배당에 단 35명만이 모이는 처지에 놓였다. 그 교회는 재정상 건물을 유지하는 것조차도 힘든 상황이었는데, 다행히 또 다른 교회의 분란 덕분에 예배당을 빌려주고 월세를 받게 되면서 한숨 돌리게 되었다.

시카고의 한인 교회들이 분란에 휩싸일 때마다 교인수가 꾸준히 증가하는 교회가 있다. 그 유명한 빌 하이벨스 목사가 시무하는 윌로크릭 교회다. 사람들이 워낙 많아서 군중 속에 딱 숨기 좋은 교회다. 그 예배당이 얼마나 넓은지 진짜 어마어마하다. 실질적으로 윌로크릭 교회는 시카고에서 가장 많은 한인이 다니는 교회, 한마디로 시카고 최대의 한인 교회인 셈이다. 물론 윌로크릭 교회는 이런 사실을 알지도 못할뿐더러 전혀 관심조차 없을 것이다.

한국에서도 빈번히 일어나겠지만, 특히 미국 한인 교회 안에서 더 많이 벌어지는 교회 내분 사태를 들여다보며 나는 앞서 한 질문을 다시 던지지 않을 수 없다.

"한인 교회를 다니는 사람 대다수는 과연 무엇에 가장 굶주려 있는가?"

그 답은 비교적 쉽게 찾을 수 있다.

"교회 안에서의 자기 영향력에 무엇보다 굶주려 있다!"

일주일 내내 누군가에게 영향력을 끼친다고는 결코 말할 수 없는 사회적 위치……. 그런 서비스 업종에 종사하는 대부분의 한인에게 교회는 자신의 가치를 느끼게 하는 공간이다. 사회적으로 인정받지 못하는 자신들의 처지, 그 서러움을 씻고 심리적으로 보상받을 수 있는 장소다. 잘 통하지 않는 영어 때문에 제대로 말싸움 한번 못 하는 설움을 떨쳐내고 마구 떠들 수 있는 고향과도 같은 곳이 바로 교회다.

한인 교회 안에서 개인의 가치는 무엇보다 교회 직책과 담임목사와의 친밀도로 측정된다. 바로 이것이 수많은 한인 교회가 안고 있는 분란의 잠재적인 불씨다. 원하는 직책을 빨리 얻지 못했을 때의 좌절감과 원하는 만큼 목회자의 관심을 받지 못한 서운함은 언제라도 교회라는 공동체를 향해 무서운 가시로 돌변할 소지가 있으니까.

미국 한인 교회에 반해 지금 한국의 교회들은 무엇에 가장 굶주려 있을까?

100퍼센트 자유로운 것은 아니겠지만, 그래도 한국에 사는 우리는 미국 동포만큼 교회에 미치는 내 영향력에 굶주려 있다고는 생각하지 않는다. 그 대신 한국 교회는 교인 개개인의 굶주림을 떠나 교회 전체가 '교회 건물' 건축에 굶주려 있다는 생각이 든다.

교회 건물, 달리 말해 교회당을 '성전'이라는 매우 비성경적인 용어까지 붙여가며 신성시하고 있는 지경이다. 만약 교회 건물을 성전이라 부른다면, 지금의 목회자를 목사가 아닌 제사장으로 불러야 할 것이다. 이런 용어 하나하나가 실상 우리 모두를 하나님 앞에 직접 directly 가도록 하기 위해 죽으신 예수님의 십자가 사건에 정면으로 배치된다는 사실을 목회자는 모르는 것일까? 몰라서 '성전'이란 단어를 쓰고 있다면 그 목사는 무식한 것이고, 알면서도 쓰고 있다면 그건 정말로 부끄러운 일이다. 물론 무식한 것도 부끄러워해야 한다. 우리에게는 예수님의 십자가가 있다. 그렇기 때문에 우리를 하나님과 연결해

주는 '특별한 사람(제사장)'은 더 이상 존재할 필요가 없다. 당연히 '특별한 장소(성전)' 또한 더 이상 필요하지 않다.

굶주림의 대상이 잘못되었다는 것!

하나님을 봐야 할 곳에서 도리어 자기 욕망을 채우려고 교회를 갈뿐더러 그 욕망 충족을 위해 교회가 운영된다는 것!

이런 점에서 나 역시 나 자신에게 묻지 않을 수 없다. 나는 과연 무엇에 굶주려 있는가?

"나는 하나님에 굶주려 있는가?"

솔직히 별로 그런 것 같지 않다. 그래서 다시 물어본다.

"하나님에 굶주려 있지 않다는 사실 때문에 나는 죄책감을 느껴야 하는가?"

아니, 그렇다고 생각하지 않는다. 내 안에 하나님을 향한 핍절의 굶주림이 없다는 사실은 아직도 내가 하나님을 제대로 알지 못한다는 뜻이다. 이것은 죄책감을 느껴야 할 문제가 아니다. 어떻게 보면 기대를 버리지 않고 더 간절히 은혜를 사모하는 계기, 영적 찬스다.

내 안에 하나님을 향한 굶주림이 없다는 사실, 이를 제대로 보는 데서부터 나의 본질을 향해 한 걸음 더 나아갈 수 있다. 한마디로 빛이 보이는 것이다.

03.
예수, 바울이 담임목사가 되어도
답이 안 나오는 교회

목사이기 이전에 나는 누구이고,
장로이기 이전에 나는 누구인가?

하나님이 인간에게 원하는 것이 'Doing'일까, 아니면 'Being'일까? 'Being'이라고 결론을 내린다면, 우리는 '관계'라는 단어를 그 중심에 두게 된다. 이 관계를 생각할 때 상호 간 가장 중요한 단어는 '솔직함', '진실함'이다.

몇 해 전의 일이다. 나는 '파네라 브레드'Panera Bread라는 유명한 빵집에 앉아 책을 읽고 있었다. 그때 한국인으로 보이는 웬 사내가 다가와 나를 한참 바라보았다. 뭐지? 모른 척하려다가 고개를 들어 나 역시 그 사람을 똑바로 쳐다보았다. 내 시선과 정면으로 마주친 그는 이내 '아니구나!' 하는 표정으로 고개를 저으며 등을 돌렸다. 그러나 곧 그는 다시 쭈뼛쭈뼛 내게로 다가와 영어로 말을 걸었다.

"Are you a Korean?"

그제야 나도 그이의 얼굴이 대단히 낯이 익다는 사실을 깨달았다.

"네. 저 한국 사람 맞는데, 누구시죠?"

"혹시, 옥성호 집사님 아닙니까? 저 ○○○ 목사입니다."

그는 한 7년 전, 다른 지역으로 떠나기 전까지 친하게 지내던 목사였다. 내가 워낙 사람 얼굴과 이름을 잘 기억을 못하기도 하지만, 더군다나 상상도 못했던 장소에서 만나다 보니 기억력이란 게 전혀 힘을 쓰지 못했다. 그는 예전의 모습과 그리 달라지지도 않았는데 말이다. 불공평하게도 그가 보기에 내 모습은 너무 많이 변해 있었나 보다.

"옥 집사님, 처음엔 정말 아닌 줄 알았어요. 근데 보면 볼수록 긴가민가하는 거예요. 그래서 그냥 밑져야 본전이라 생각하고 용기를 내 말을 걸었는데 말입니다. 아니, 옛날에는 풍채도 있고 얼굴에 자신감도 철철 넘쳤는데 왜 이렇게 됐어요? 앉아 계신 모습이 꼭 무슨 힘없고 늙은 필리핀 사람 같네요."

'힘없고 늙은 필리핀 사람이라…….'

그 표현은 평생 내 머리를 떠나지 않을 2010년 4월, 극심한 스트레스에 찌들어 살던 나에 대한 적나라한 묘사였다. 그의 표현이 왜 그렇게도 솔직했던지…….

이런저런 이야기를 나누던 중 그 목사를 통해 또 다른 목사의 소식을 듣게 되었다. 다른 목사 역시 내가 잘 아는 사람으로, 내게 말을 건 목사와 멀지 않은 곳에서 목회를 하고 있었다. 나는 반가운 마음에 그의 안부를 물었다.

"×××목사님······. 그분 지난 주일인가 사임했습니다. 설교 중에 한 장로한테 멱살 잡혀 끌려 나가고, 경찰들 출동하고, 난리도 아니었지요. 정말 고생 많이 했는데 결국 그렇게 되었네요."

대체 그 교회에서 무슨 일이 일어난 것일까. 자세한 내막이야 속속들이 알 수는 없었지만 그날 저녁 그 교회 사정을 이곳저곳에서 좀 알아본 덕분에 약간의 윤곽은 잡혔다.

미국에서 상당 기간 살며 내가 가장 많이 접한 인간 부류는 어쩌면 '자질이 턱없이 부족한 목회자들'인지도 모르겠다. 어디를 가나 정말로 많이 보고 만났다. 오죽하면 이런 생각이 들었을까?

'우리 회사에서 저 정도의 지식과 태도를 가지고 일한다면, 내가 과연 저 사람을 한 달이나 데리고 일할 수 있을까?'

비록 그만큼은 아니지만 내가 만난 또 다른 인간 부류는 교회 안에서 정말 악의적으로 목회자를 괴롭히는 크리스천들이다. 일례로 자신의 아들이 자기 소속 교회의 담임목사로 오지 않는 한 예수님과 사도 바울이 그 교회에 부임할지라도 기를 쓰고 쫓아낼 것만 같은 장로도 있었다. 글쎄, 그런 이들을 볼라치면 나도 모르게 이런 생각이 불쑥 솟구친다.

'제발 당신 아들이 목사가 되어 부임한 교회에서 당신 같은 장로를 꼭 한 번 만나기를 소원합니다.'

목사의 어떤 점이 그렇게도 마음에 안 드는 것일까? 내가 아는 몇명 장로는 그 어떤 목사가 오든 왜 그렇게 죽어라 싫어하고 미워하는지 도통 이해할 수 없는 수준이었다. 목회자의 성격이 좀 온화하면 리더십이 없다고 욕한다. 목회자가 뭔가를 좀 강하게 밀어붙이면 건방지고 제멋대로라고 난리를 친다.

빵집에서 그 목사는 계속해서 이렇게 말했다.

"옥 집사님, 목사가 교회에서 무슨 개혁을 하겠다는 둥 교회에 새로운 바람을 일으키겠다는 둥 하면 바로 그날로 끝입니다. 그냥 있는 듯 없는 듯 조용히 있어야 해요. 그냥 죽었다 생각하고 심방만 열심히 하면서 목회해야 하는 거지요. 살고 싶다면 말이에요."

정말 다른 직업은 몰라도 목회자라면 이렇게 '복지부동'伏地不動하며 생존에만 목매달아선 안 될 것 같은데 현실은 그렇지 않다. 정말로 얌전히 튀지 않아야 하는 목회, 그저 정해진 틀 안에서 교인 모두가 만족할 수 있도록 눈치를 발휘해야 하는 목회, 그보다 더 중요한 것은 크게 불평하는 소수가 생기지 않도록 각별히 조심조심 이끌고 가야 하는 목회……. 미국 내 이것이 한인 교회 목회자의 슬픈 현실이다.

100퍼센트 다 그런 것은 아니지만 미국에 유학 온 많은 신학생이 귀국 대신 미국 본토를 택한다. '나의 비전은 미국에서 제대로 배운 후, 한국에 돌아가 건강한 교회를 만든다'가 어느 순간 '하나님의 뜻대로 미국에서 길을 열어주시면 여기서 목회한다'로 둔갑하는 것이다. 사실, 하나님의 뜻이라기보다는 자녀 교육 혹은 미국이라는 나라가 무작정 좋아서 눌러앉는 경우가 꽤 많다.

보기에 따라 다르겠지만, 대체적으로 미국에서 목회를 시작하는 경우 한국과는 확연히 다른 방식의 어려움을 만난다. 교포들을 상대하다 보면 정말로 '목회가 무엇인지?', '목사란 어떤 존재인지?', 더 나아가 '교회란 무엇인지'를 놓고 씨름하기도 전에 외줄을 탄 신세가 되어 '사느냐 죽느냐'의 생존 문제에 시달린다. 물론 한국 교회 안에서도 이런 문제가 없는 것은 아니지만, 한인 교회에 비할 바가 못 된다. 미국의 한인 교회는 정말로 쉽지 않은 곳이다. 교회를 자기 개인의 왕국으로 만들어야 직성이 풀리는 한두 명의 못된 장로가 어딜 가나 꼭 존재한다. 한국 교회에는 교회를 자기 개인 왕국으로 만드는 목회자가 많은 반면 미국의 한인 교회에는 오히려 그런 장로들이 더 많은 것 같다.

이는 미국 주류 사회에 끼지 못하는 설움을 교회 안에서 풀며 대리 만족을 하려는 사람들이 너무 많기 때문이다. 한국 사람들은 마음속에 분노의 응어리를 조금씩 다 갖고 사는 듯하다. 일명 한국인의 '한'恨이라고 불릴 수도 있는 이런 분노가 크리스천들에게서 더 극명하게 드러나는 것 같다. 몇몇 기독교 사이트의 댓글들을 보면 그 점이 너무도 생생하게 느껴진다. 확실히 이런 한, 분노의 응어리 표출이 미국 교포들에게 좀 더 심하다. 이는 미국의 주류 사회에 끼지 못하고 그 변두리를 맴돌아야 하는, 영어 못하는 소수가 갖는 집단적 스트레스 때문이 아닐까 싶다.

빵집에서 그 목사를 만난 이후, 나는 무엇보다 '좋은 만남'이 얼마나 소중한지를 통감할 수 있었다. 그 만남은 나 자신을 돌아보게 했다. 지금 내 주변을 볼 때 정말로 '좋은 만남이다'라고 할 수 있는 만남들은 어떻게 시작되었을까. 내 경우, 솔직하게 나 자신을 드러내면서 시작한 만남들이 대개 좋은 관계로 이어졌던 것 같다. 달리 말해 어떤 선입관을 배제하고 시작한 만남, 이를테면 '이 사람은 이래야만 해', '저 사람은 분명 그런 사람일 거야'로 시작하지 않은 만남이 좋은 결과를 만

들었던 것 같다. 그런 만남이 시간의 흐름 속에서 더 알아가고 이해하는 관계로 발전한다. 만남에서 선입관을 주는 가장 큰 요인은 무엇보다 그 사람의 '직책'이다. 직책이 그 사람의 정체성 또는 본질 identity 이 되어버리니까. 그렇기 때문에 특히나 처음부터 '목사님'과 '장로님'으로 시작하는 만남에 어려움이 더 많은지도 모르겠다. 물론 우리는 모든 직책을 다 배제한 채 관계를 시작할 수 없다. 그것은 불가능한 일이다.

그럼에도 긍정적으로 갈 수 있는 한 가지 방법이 있다. 직책보다 더 상위인 개념, 즉 직책보다 더 중요한 정체성을 먼저 기억하는 것이다. 내가 목사가 되기 전에, 내가 장로가 되기 전에, 나를 만든 그 정체성 말이다. 목사이기 이전에 나는 누구이고, 장로이기 이전에 나는 누구인가? 다름 아닌 같은 형제다.

'우리는 예수 그리스도를 같은 주인으로 모시는 형제다.' 어머니에게 목사인 아들은 '목사님'이 아니라 '아들'이다. 장로를 아버지로 둔 아들이 아버지를 '장로님'이라고 부르지 않는다.

같은 맥락이다. 우리는 서로가 '형제'라는 사실을 먼저 기억해야 한다. 교회 안에서의 만남이 목사님, 장로님으로 시작하기 전에 형제로서 먼저 시작할 수 있다면 지금보다는 훨씬 더 건강하고 아름다운 관계를 만들 수 있지 않을까?

04.
전도 필살기,
스토킹 전도법

'진돗개 전도법'의 시대는 갔다.
우리에게 필요한 것은
최신 유행의 각종 전도법이 아니다.

교회에서 사라져야 할 단어는 '전도왕'이다. '고구마 전도왕', '감자 전도왕', '양파 전도왕', '진돗개 전도왕', '수사슴 전도왕' 등등……. 이런 전도왕들이 넘칠수록 기독교는, 교회는 개그콘서트가 된다. 한 인간의 회심은 이런 각종 왕들의 기교에 달린 것이 아니다.

예전에 한 설교를 들었다. 설교하는 목사가 자신의 교회에서 있었던 일을 다음과 같이 이야기했다.

"우리 동네에 불교를 수십 년 믿은 한 할머니가 계십니다. 그런데 어느 날 그 할머니가 교회를 온 거예요. 너무 놀라서 누가 전도를 했나 알아봤더니 다름 아니라 그 할머니의 손녀더군요. 도대체 그 손녀가 이 불자 할머니를 어떻게 전도했는지 알아봤더니 말입니다. 할머니 말이 손녀가 집에만 들어오면 운다는 거예요. 그 손녀가 매일 왜 그렇게 울었나 하면……. 나는 천국 가는데 할머니는 예수님 안 믿어서 지옥 가니까 어떻게 하냐고……. 그렇게 한탄하면서 매일 울었다는 거예요. 그래서 할머니가 마침내 교회 오신 거 아닙니까? 제가 이걸 보고 뭘 배웠는지 아십니까? 아! 그냥 울기만 해도 전도가 되는구나."

　내 기억에 이와 똑같은 예화를 그 전에 최소한 두 번 정도는 들었던 것 같다. 그런데 그 목사가 자신이 목회하는 교회를 두고 이야기를 했으니 결코 없는 말을 만들지는 않았을 것이다. 주변에 의외로 이런 아이들이 많은 것 같다. 그런데 듣다 보니 궁금해졌다. 만약에 다음과 같은 일이 생긴다면 또 어떨까?

　그 할머니의 다른 손녀 또는 손자가 이번에는 할머니 교회 다니니까 극락 못 가게 되었으니 어떻게 하냐고 매일 집에서 울고 있으면? 아니, 울기만 하는 게 아니라 그 애는 아예 식음을 전폐하고 드러누우면?

　물론 이런 경우 외에도 궁금한 가상의 시나리오들이 한두 가지가 아니다. 내가 이 설교를 언급하는 이유는 단 하나다. 도대체 목회자에게 '전도'란 무엇인가 하는 점 때문이다. 만약 이 목사가 '전도'라고 하지 않고 그냥 "손녀 때문에 한 할머니가 교회를 오시게 되었습니다"라고 말했다면 내가 그 설교에 토를 달지 않았을 것이다. 하지만 전도는 다르지 않은가? 전도는 '회심'을 의미하는 것 아닌가? 굳이 그 목사의 이야기를 선의로 해석하자면 "손녀 때문에 교회에 발을 들여놓게 된 한 할머니가 교회를 다니는 중에 예수님을 알게 되고 마침내 예수님을 믿게 되었습니다" 하는 메시지를 말하려다 그냥 모든 과정을 뭉뚱그려 '전도'라는 한 단어로 표현했을 수도 있다.

그런데 사실 우리 주변에서 보면 많은 목회자의 관심이 '교회 등록'이지 그 사람의 회심 여부는 아닌 경우가 참 많다. 등록한 사람이 그냥 꾸준히 다니면 그 사람은 어느 순간부터인가 '신실한 신자'로 간주되고 '일꾼'이 되어 교회에서 열심히 일하게 된다. 일단 교회 열심히 다니면 그 사람의 '신앙'에 대해서는 아무도 진지한 관심을 갖지 않는 것이 일반적이지 않은가?

나와 같은 교회를 다니다가 그 교회에 싸움이 나자 교회를 떠난 지인 한 명이 있다. 그 친구가 언젠가 이런 말을 했다.

"교회에서 전화가 왔어. 이제 교회 싸움 끝났으니까 돌아와서 일 좀 하라고. 교회에 할 일이 얼마나 많은지 모르겠다고. 그러면서 나 같은 일꾼이 빨리 돌아와야 한다는 거야. 참나! 어이가 없어서……. 지들 그렇게 싸워서 내가 영적으로 어떻게 되었는지, 그런 거는 궁금해하지도 않고 관심도 없어. 그래서 내가 속으로 그랬지. 나는 토요일까지 내내 일하니까 일요일에라도 집에서 쉬어야겠다고. 니들이나 열심히 일하라고!"

내가 아는 한 여성이 있다. 그녀는 5년간 하루도 거르지 않고 새벽기도를 다녔다. 그런데 자신의 아이들이 모두 대학에 진학하자마자 그녀는 그날로 교회에 발을 딱 끊었다. 새벽기도가 그녀에게는 자녀의 대학 입학을 위한 불공이고 성황당이었던 것이다. 절보다 교회가 가까우니까 교회를 '절 삼아' 다닌 것이다. 하지만 교회에서는 이런 사람을 아주 신실한 신자로 본다. 그 힘든 새벽기도를 빠지지 않고 다니는데 누가 감히 그녀의 신앙에 물음표를 달겠는가?

나 역시 2007년 초 동네의 친한 형과 몇 달간 함께 새벽기도를 다녔다. 그 형에게 신앙이 없다는 점은 원래 잘 알고 있었기 때문에 혹시 새벽기도 시간을 통해 그 형에게 신앙이 생기지 않을까 하는 기대를 내심 가지고 있었다. 그런데 몇 달이 지나도 그 형에게는 전혀 변화의 조짐이 보이지 않았다. 나는 물었다.

"형님, 예수님을 믿지도 않는데 왜 그렇게 새벽마다 열심히 교회를 가요? 교회에서 누구한테 도대체 뭘 기도하세요?"

"난 그냥 세상 모든 것에 다 감사하고 그래. 이렇게 살아 있는 거, 그 자체만으로도 너무 감사하니까……. 하늘에 감사의 기도를 올리면 마음도 편해지고, 하루종일 일도 잘되고……. 또 가족의 건강도 아침마다 기원하고 그러면 가족들도 다 편해지는 거 같고. 그래서 가는 거야."

그 형이야말로 실로 '긍정의 힘'이요 '평생감사' 그 자체였다. 지금도 내가 존경하는 그 형은 여전히 그렇게 성실히 또 항상 웃으면서 살고 있다.

전도와 관련해 회심과 교회 등록을 구분하지 않는 지금, 많은 교회의 현실이 주는 우려 외에 한 가지 더 짚고 넘어갈 부분이 있다. 우리는 전도를 너무도 아전인수격으로 바라본다. 다시 말해, 정확한 사실 여부와 관련 없이 그냥 내 편한 식으로 생각한다는 것이다. 대표적인 경우가 다음과 같은 식의 설교에 드러난다. 기왕 불교 이야기가 나온 김에 불교 관련해서 이야기를 풀어가자.

"제가 잘 아는 목사님이 한 분 계십니다. 그런데 여러분 놀라지 마세요. 이 목사님은 원래 승려이셨습니다. 어릴 때 출가해 평생을 절에서 살았습니다. 하지만 아무리 불공을 드리고 도를 쌓아도 그 마음속에 숨어 있는 허무감을 부처가 해결해줄 수 있겠습니까? 안 되지요. 천 배, 삼천 배 아무리 절해도 그 공허감이 없어지겠습니까? 하나님만이 채우실 수 있으니까요. 어느 날 이 스님이 우연히 제 설교 테이프를 들었습니다.

이상하지요? 도대체 어떻게 해서 스님 손에 목사 설교 테이프가 갔는지 말이에요. 놀라운 일이지요. 하나님께서 구원 받을 사람은 어떻게든 구원하시니까요. 그 테이프를 들은 그 스님은 몇날 며칠을 밥도 못 먹고 잠도 못 자고 고민하셨다고 합니다. 그리고 마침내 결론을 내렸어요. 바로 파계하고 신학교에 들어가셨습니다. 그리고 지금은 저기 상계동 쪽에 교회를 개척해서 열심히 목회하고 계십니다."

왜 이런 이야기가 나오는가? 물론 얼마든지 이해할 수 있다. 기독교가 불교보다 낫다는, 아니 기독교만이 진짜라는 것이고 그 확실한 증거는 스님이 기독교로 개종하는 것이 아니냐는 식의 이야기로 이해할 수 있다. 하지만 어떻게 스님이 목사가 되었다는 사실이 기독교가 진리라는 사실을 증명하는 데 쓰일 수 있느냐는 것이다. 진리 여부를 증명하기 위해 내세우는 증거로 어떻게 이런 식의 이야기가 너무도 자연스럽게 등장하고 사람들은 그 이야기에 "아멘! 아멘!" 하는 것인가? 이것이 오늘 우리의 현실이고 우리의 수준이다.

굳이 이와 비슷한 예를 들자면 방언이다. 방언이 정말로 기독교에만 있다면, 나는 온 마음을 다해 그 방언이 하나님의 은사라고 받아들일 뿐 아니라 그 방언을 받으려고 무슨 짓이라도 하겠다. 그런데 문제는 기독교 안의 방언은 고등, 하등 종교를 불문해 어느 종교에나 있고 심지어 북을 치는 아프리카 원주민들, 불 피우고 춤추는 에스키모들도 교회에서 하는 방언과 '똑같은' 방언을 한다. 그런데 지금 우리가 교회에서 하는 방언이 성령님의 은사라고? 웃기는 이야기다.

각설하고, 얼마 전 불교 방송에서 한 스님의 법문을 들었다. 그 스님의 법문 중에서 한 토막을 소개한다.

"제가 잘 아는 스님이 있습니다. 어릴 때부터 완전 기독교 가정에서 자라난 모태신앙인이에요. 중고등학교 시절 어느 정도로 이 친구가 기독교에 독실했는가 하면, 국어사전에서 불교, 이슬람교 등등 타 종교 관련한 단어들은 다 검은 매직으로 쫙쫙 지울 정도로 독실한 신자였습니다. 자기가 쓰는 국어사전에 이단 종교들의 단어가 들어 있는 것조차도 참지 못한 것이지요. 이 친구가 참 공부를 잘해서 서울대학교를 들어갔습니다. 그런데 어느 날 캠퍼스에 이런 현수막이 붙었대요. '무슨무슨 스님 금강경 설법회', 이 현수막을 보고 이 친구의 마음속에 분노가 끓어올랐다고 합니다. 아니, 다른 곳도 아니고 최고의 지성이 모인 서울대 안에 어떻게 이런 엉터리 사상에 대한 강좌를 할 수가 있는지 도저히 참을 수가 없었대요. 그래서 이 친구는 앞으로 그런 엉터리 사상들이 캠퍼스 안을 활개 치지 못하도록 하기 위해서는 일단 그 사람들이 무슨 말을 하는지 들어봐야겠다고 생각하고 금강경 설법회에 참석했다고 합니다. 그런데 놀랍죠? 스님의 금강경 설법을 듣는 동안 이 친구의 마음속에 있던 수많은 궁금증이 싸악 풀렸다는 거예요. 이 친구는 비록 기독교를 믿지만 항상 창세기의 내용에 의구심을 갖고 있었습니다. 창세기가 말하는 인류의 시작에 관한 의문이 금강경을 통해 물처럼 사라지는 것을 경험하고 평생 믿던 기독교를 버리고 불자가 되었습니다. 얼마 지나지 않아 이 친구는 전국 대학생 불교 연합회의 전불련의 회장이 되었고 나중에 스님이 되었어요."

위의 법문을 한 스님의 자막 이력에는 이런 구절이 있었다.

'10년 무언정진.'

10년간 말을 하지 않고 도를 닦았다는 말이다. 나는 다른 건 몰라도 10년간 아무 말을 하지 않을 수 있다는 것……. 놀라움을 넘어 경외감을 느꼈다. 그리고 그에 비해 우리 기독교는 너무 말이 많고 너무 가벼운 것이 아닌가 하는 생각을 지울 수 없었다.

한국 기독교의 경박함이 가장 잘 드러나는 영역 중 하나가 다름 아닌 전도 관련 부분이다. 각종 다양한 '전도법'이 유행하고 그 전도법을 배우려고 사람들이 몰려든다. 수많은 전도법 중에서 기독교인이라면 누구나 다 들어보았을 '진돗개 전도법'은 어떤가? 신문에 실린 진돗개 전도법의 광고를 한 번이라도 본 사람이 있다면 진돗개가 사람을 물고 있는 그림을 기억할 것이다. 그렇다. 진돗개 전도법이 무엇인지 그 그림이 잘 보여준다. 진돗개 전도법은 한마디로 '물고 늘어진다, 원하는 걸 얻을 때까지 결코 놓지 않는다'는 것 아닌가? 만약 사람들 사이에 '진돗개 교제법' 또는 '진돗개 연애법'이 나온다면 우리는 그것을 달리 어떻게 부를 수 있을까?

스토킹이다.

전도에 무슨 '법칙'이 있는 양 '전도법'이라는 용어를 쓰는 것 자체가 어이없지만 그게 현실이니 참으로 답답하다. 한국에 유행하는 이런 식의 각종 '전도법'이 도대체 몇 개나 되는지 모른다. 그런 식으로 보면 할머니 때문에 매일 울었다는 그 소녀의 전도법은 '땡깡 전도법' 또는 '눈물 전도법'이 될 수도 있겠다. 그 소녀가 자라 어른이 되어서 그 전도법을 앞세워 간증하고 돌아다니는 일이 없기를 바란다.

05.
차범근 감독과 최순호 감독이
'쎈' 기도로 붙었다

한 달란트를 받은 나와 당신,
행여나 우리는 하나님을
'교회 속에 갇힌'
존재로 전락시키지는 않는가?

"기도 세게 해주세요"라는 말 역시 교회에서 사라져야 할 것 중 하나다. 생각 없는 목회자들이 적극 권하는 책 중 『시크릿』The Secret 이라는 책이 있다. 인격적 하나님과 우주의 에너지를 혼동시키는 책이다. 성경의 하나님은 집중해서 '쎄게' 전파를 보내면 반응하는 그런 에너지가 아니다.

두 명의 독실한 기독교인인 축구 감독 차범근과 최순호가 첫 정면 대결을 벌이는 날……. 두 감독은 경기 시작 전 각자의 벤치에 앉아 두 손을 모으고 간절히 기도했다. 카메라는 번갈아가며 기도하는 두 감독의 모습을 비췄다. 기도를 끝낸 두 명의 감독은 각기 자신에 찬 모습으로 운동장을 향해 걸어갔다. 아마도 조금 전 한 치의 의심도 없이 올려드린 기도 때문에 더더욱 두 사람 다 승리의 확신에 차 있었는지도 모른다. 누가 이겼을까?

간단하다.

실력이 더 나은 팀이 이겼다.

고등학교 시절 중간고사 기간이었다. 다음 날 두 과목 시험(국토지리와 세계지리였다)을 앞두고 늘 그렇듯 벼락공부를 해야 할 내게 갑자기 빛과 같은 한 생각이 떠올랐다. 아니, 섬광처럼 스치듯 한 음성이 내게 들렸다.

"내가 내일 시험에서 네게 정답을 보여주리라."

나는 조금의 의심도 없이 하나님의 음성이라고 믿었다. 그리고 나는 이런 음성까지 들은 내가 시험공부를 하는 것 자체를 불신앙으로 여겼다. 그날 밤 나는 간절히 기도만 하고 책을 접은 채 편안한 마음으로 잤다.

다음 날, 시험지를 받고 두근거리는 가슴을 억제하며 감았던 눈을 떴다. 그리고 시험지를 응시했다. 답은 고사하고 도대체 시험 문제가 무슨 소리인지도 잘 이해가 되지 않았다. 당연했다. 시험 전날 공부해야 하는 그 하루마저도 쉬었으니 말이다. 하지만 나는 내 손이 가는 대로 적는 답이 분명 정답일 것이라고 그때까지 의심 없이 믿었다. 그런 마음으로 시험 문제는 읽지도 않고 손이 가는 대로 답을 쓰며 두 과목 시험을 마쳤다.

답안지를 제출할 때 마음속에 한없는 평안이 몰려왔다. 그 평안은 성적표를 받는 그날까지 지속되었다. 원래 그런 것이다. 공부 못하는 놈일수록 자기가 쓴 것이 다 정답이라고 강하게 확신하는 경향이 있다.

성적표를 받은 그날을 나는 잊을 수가 없다. 지금까지 내 머리에 남아 있는 점수, 중고등학교 6년을 통틀어 최고의 점수를 그날 받았다. 확률로 볼 때 아무리 그냥 찍더라도 사지선다 형인 경우 네 개 중 하나는 맞아야 하는데 그날 나는 거의 열 문제에 하나 꼴로 맞춘 성적을 받았다.

의외로 우리 주변에는 믿음이라는 이름으로 나의 고등학교 시절 수준의 사고를 하는 사람이 많다. 운동은 전혀 하지 않으면서 배 안 나오게 해달라고 기도만 하면 어떻게 될까? 술 먹고 운전하면서 '하나님, 안전운전하게 해주세요' 하고 기도한다면 그 기도는 도대체 어떤 기도일까? 건강검진 제때 받지 않고 몸을 방치했다가 병이 난 후 '주님, 이 병 나아서 주님 영광 드러내게 해주세요' 하는 기도는 또 어떤가?

이 세상에는 변하지 않는 법칙들이 있다. 중력과 마찬가지로 세상을 움직이는 절대 법칙들이 있다. 그 법칙을 인정하는 것이 세상을 창조하고 법칙들을 심은 창조주를 인정하는 것이다.

그 법칙들을 무시하면서 기도한다고?

그건 창조주에 대한 믿음이 아니라 도리어 창조주에 대한 모독임을 깨달아야 한다.

앞서 축구 이야기가 나온 김에 축구 관련 이야기를 하나 만 더 하도록 하자. 1980년대 초였던 것 같다. 당시만 해도 국가대표팀이 무슨 아시안게임이니 뭐니 하는 대회에 나가 북한대표팀과 경기를 하는 날이면 마치 나라의 운명이 그 경기 결과에 달린 양 언론이 호들갑을 떨던 시절이었다. 여하튼 정확히 무슨 대회였는지 기억이 안 나는데, 축구대표팀이 북한과 경기를 했다. 당연히 방송은 생중계를 했고 아마도 전 국민의 반은 텔레비전 앞에 앉아서 그 경기를 본 것 같다. 연장전에서도 승부가 나지 않은 그 경기는 마침내 승부차기에 돌입했다. 결론적으로 우리 대표팀의 골키퍼가 왼쪽(그렇다. 왼쪽이었던 것 같다)으로 몸을 날리며 뻗은 손에 북한 선수가 찬 공이 마치 빨려 들어가듯 막히면서 우리는 극적인 승리를 거두었다.

"국민 여러분, 기뻐해주십시오!"

이런 아나운서의 멘트와 함께 나처럼 축구라면 밥보다 더 좋아하던 사람들은 당연히 그 자리에서 펄쩍펄쩍 뛰며 환호성을 올렸다.

북한의 승부차기를 막은 그 골키퍼가 나중에 어느 교회에서 하는 간증을 들었다.

"골대에 들어서기 전 저는 간절히 기도했습니다. 그 순간, 하나님께서 '왼쪽으로 몸을 날려라'라고 말씀하셨습니다. 저는 그 음성에 순종해 그냥 몸을 날렸을 뿐입니다. 그런데 많은 분이 말씀하시듯 공이 마치 제 손을 향해 빨려 오듯이 오지 않았겠습니까?"

나는 그 골키퍼에게 하나님께서 정말로 '왼쪽으로 몸을 날려라'라고 말씀하셨는지 안 하셨는지를 가지고 논할 마음은 없다. 하지만 솔직히 이런 생각은 든다. 하나님이 정말로 그 승부차기에서 당신의 영광을 드러내시기 위해 그날 기적적으로 개입하신 거라면 차라리 이렇게 말씀하시지 않았을까?

"너는 눈을 감고 그냥 그 자리에 가만히 서서 내가 일하는 것을 보라!"

그리고 북한 선수가 아무리 구석을 향해 공을 차도 공은 눈 감고 서 있는 골키퍼의 품 안으로 날아오도록 하는 게 더 맞지 않을까? 왜냐하면 누가 봐도 실제 장면에서는 온몸을 날려 공을 쳐낸 그 골키퍼의 실력이 하나님의 능력보다 더 드러나니까.

왜 이런 이야기를 하는가? 얼마 전 동계올림픽, 스피드 스케이팅 경기에서 한 해설자가 '금메달은 하나님의 뜻'이라는 말을 하는 것을 들었기 때문이다. 우리 크리스천의 마음속에 너무도 깊이 자리 잡고 있는 '승리 지상주의'를 그 해설자가 잘 표현했다고 생각한다. 승리는 하나님의 뜻, 금메달은 하나님의 뜻, 1등은 하나님의 뜻……. 즉, 운동 경기든 어디에서든 '이기는 것'만이 하나님께 영광 돌리는 길이라는 식의 생각은 특히 우리나라 크리스천 의식의 한구석에 확실히 자리 잡고 있는 것 같다. 기왕 뭐가 되려면 뱀의 머리가 되어야지 용의 꼬리가 되어서는 절대 안 된다는 그런 생각 말이다. 순종한 사람의 간증은 아예 간증거리가 되지 않는다.

'순종을 통해 반드시 승리 또는 성공해 해피엔딩이 되어야만 한다.'

과거에도 그렇고 앞으로도 한국 교회 최고의 영웅은 성공한 '요셉'일 수밖에 없다. 그리고 순종도 철저하게 '성공'을 전제로 한다. 즉, 순종하면 결국은 반드시 잘 되어야 한다는 생각도 그 속에 있다.

나는 김연아가 크리스천인지 아닌지 모른다. 그럼에도 행여나 앞으로 그녀가 교회에 다니며 간증하는 일이 없기를 바란다. 이렇게 사랑하는 자들을 꼭 '성공시키시는 하나님'이라는 렌즈를 통해 성경을 바라보다 보니 세상에서 성공한 사람은 무슨 수를 써서라도 크리스천으로 둔갑시키려는 목회자들 노력이 그다지 새삼스럽지 않게 되었다. 오프라 윈프리, 그녀는 아무것도 모르고 있겠지만 한국에서는 이미 신실한 크리스천이 되었고, 알버트 아인슈타인도 한국 교회 내에서는 크리스천 과학자로 이미 오래전에 둔갑했다. 링컨 대통령…… 아! 우리의 링컨 대통령은 더 이상 말할 것도 없다.

 미국인이 사용하는 'God'이라는 단어는 우리가 막연히 '신 또는 천지신명'이라는 개념으로 쓰는 말과 동일하다. 하지만 유명한 누군가가, 특히 미국인이 'God'이라는 단어를 언급하는 순간 졸지에 그들은 한국 교회에서 신실한 크리스천이 된다. 그런 의미에서 세계 최강국인 미국은 반드시 '기독교 국가'가 되어야만 한다. 기독교가 들어간 나라는 다 자본주의의 힘을 빌려 부자 나라가 되어야 한다. 불교를 믿는 나라는 반드시 가난해야 한다. 하지만 그런 주장을 하는 사람도 결코 언급하지 않는 한 나라가 있다. 바로 '일본'이다. 일본이 부자는 분명한데 그렇다고 일본을 '기독교 국가'라고 하기에는 그나마 양심의 가책이 되나 보다. 참으로 답답한 이야기다. 미국이 하나님이 축복한 기독교 국가이고 기독교가 들어가면 그 나라는 부자가 된다는 이런 식의 천박한 사고 말이다.

이런 생각에는 무엇보다 심각한 문제가 있다. 승리만이 하나님의 영광을 드러내는 길이고 나아가 기독교의 우월성을 드러내는 길이라는 생각은 피조물 전체의 창조주이신 하나님을 '교회 속에 갇힌' 하나님으로 전락시킨다. 이는 한 달란트 받은 대다수의 크리스천의 마음에 절망을 가져다주는 '거짓 신학'이다. 이런 사고들은 교회 속까지 깊이 파고들어 많은 사람으로 하여금 '큰 교회'를 지향하게 한다. 하나님이 주시는 '부흥'도 '수적 성장'으로 둔갑하게 한다.

또 하나의 문제는 우리 대부분의 크리스천은 살면서 가끔은 승리도 하고 성공도 하겠지만 그렇지 못할 때가 훨씬 더 많다는 사실이다. 다른 말로 하면 우리 대부분은 열 달란트 받은 사람이기보다는 한 달란트씩 받은 사람들이니까. 하나님은 당신의 뜻에 따라 자신을 거부하는 사람에게 열 달란트를 주시고 믿는 자에게 한 달란트를 주시기도 한다.

'한 달란트 받은 사람이 아무리 기도해도 열 달란트 받은 사람과 붙으면 절대 이길 수 없다.'

신실하게 예수님을 믿는 이 세상의 수많은 과학자와 아인슈타인이 비교가 될까? 그들이 한 달란트 받은 사람들이라면 아인슈타인이야말로 열 달란트, 아니 스무 달란트를 받은 사람일 것이다. 하지만 하나님은 여전히 영광 받으신다. 아인슈타인이 가진 열 달란트를 통해서 동일하게 영광 받으신다. 왜냐하면 그도 여전히 하나님의 형상을 따라 지음 받은 '피조물'이기 때문이다. 그리고 무엇보다 열 달란트를 그에게 주신 분이 하나님 당신이시기 때문이다.

자꾸만 이건희 회장을 언급해서 좀 그렇지만, 이건희 회장에게 아들이 둘 있다고 치자. 그런데 한 명은 삼성에서 일하고 한 명은 현대에서 일한다. 이건희 회장은 현대에서 열심히 일해 승승장구하는 아들을 통해서도 얼마든지 기쁨을 느낄 수 있다. 그 아들 역시 이건희 회장의 씨를 받은 아들이니까.

그렇다. 하나님께서는 예수 그리스도를 모르는 아인슈타인의 연구를 통해서도 당신의 영광을 드러내신다. 비기독교인 작곡가의 교향곡을 통해서도 당신의 아름다움을 드러내신다. 그럼 질문이 하나 생긴다. 달랑 한 달란트 받은 대부분의 우리는 뭐란 말인가? 죽어라고 발버둥을 쳐도 열 달란트 받은 사람을 이길 수 없는 대부분의 우리는 도대체 무엇인가? 하나님이 그들을 통해서도 여전히 영광 받으신다면 적은 달란트를 받은 나는 무슨 낙으로 살아야 할까?

우리와 그들과는 얼마나 차이가 날까? 엄청난 차이가 있다. 실로 하늘과 땅만큼의 차이가 있다. 왜냐하면 열 달란트 받은 자는 승리를 통해 자신을 예배 드리지만 한 달란트 받은 우리는 하나님을 인정하는 삶으로 그분께 예배 드리기 때문이다. 그것이 차이다. 실로 중대한 차이다. 하나님의 눈에 하나님을 인정하지 않는 열 달란트와 하나님을 인정하는 한 달란트가 비교가 되겠는가?

차범근 감독과 최순호 감독의 기도가 '반드시 이기게 해주세요'라는 기도가 아니라 하나님을 인정하는 기도였기를 바란다. 그래서 그들이 그날의 승부와 관계없이 여전히 두 사람의 믿음을 통해 영광 받으시는 하나님을 목격했기 바란다.

나는 북한 선수의 슛을 막아낸 그 골키퍼의 선방이 그날의 '특별한' 기도 때문이라고 생각하지 않는다. 그가 그 슛을 막을 수 있었던 것은 평소 훈련장에서 쏟아낸 땀 때문이었다. 그리고 그가 흘린 땀은 그날의 선방으로 멋있게 드러났다고 생각한다.

'이기게 해달라는 기도보다는 범사에 당신을 인정하고 찬양하게 해달라고 기도해야 한다.'

그럼으로써 나는 내가 가진 한 달란트로 하나님께 영광 돌릴 수 있다. 내가 패배해서 하나님께 피해가 되면 어떡하나

하는 걱정을 할 필요가 없다. 어떤 경우에도 하나님은 패배하지 않는다. 중요한 것은 우리의 순종이다. 크리스천만을 이기게 하시는 하나님이 아니라 그가 창조하신 세계 전체를 통해 당신의 영광을 드러내시는 하나님을 보며 그분을 찬양할 수 있기 바란다.

06.
감각을 다지는
기독교 베스트셀러 감상법

성도들의
손에 잡힌 책 수준이
한국 교회 전체의 수준이다.

교보문고의 어느 직원이 기독교 출판계의 불황 이유를 이렇게 꼬집었다. "사람들이 성경을 안 사요. 그러니까 덩달아 기독교 책들도 안 팔리죠. 교회에서 성경 구절을 스크린에 죄다 쏴주니까 성경을 들고 다닐 필요가 없는 세상이 되었잖아요? 보통, 사람들이 성경 사러 와서 기독교 책들도 몇 권 같이 사고 그랬거든요. 게다가 이제 기독교 안에는 불교와 달리 파워 있는 저자가 없어요. 이 사람이 쓰면 확실히 팔린다는 저자가 솔직히 기독교 분야에는 전무해요. 무엇보다 기독교에 대한 사회적 인식이 나날이 나빠지면서 기독교 책들도 덩달아 피해를 보고 있지요."

기독교 900만 인구 중 책을 사서 읽는 사람이 10만 명 정도라고 한다. 이 수치대로 한다면 기독교 책이 팔릴 수 있는 최고치는 10만 권이 된다. 그런데 이런 상황에서 기독교 출판사의 책이 50만 권, 100만 권이 팔린다면 이 경우 '기적'이라는 단어는 조금도 아깝지 않다. 아마도 『긍정의 힘』 *Your Best Life Now* 그리고 『목적이 이끄는 삶』 *The Purpose Driven Life* 정도의 책들이 이 '기적'에 해당될 것이다. 어떻게 이런 일이 가능할까?

첫 번째, 교회의 단체 주문 덕분에 읽지도 않을 수많은 사람의 손에까지 책이 가는 경우다. 이 경우 기존의 독서 인구 10만 명이라는 수치는 더 이상 의미가 없다. 이론상 교회에 출석하는 교인 숫자만큼 판매가 가능해지니까. 이런 식의 단체 주문은 본질적으로는 하나지만 굳이 따지자면 두 가지 경우를 생각해볼 수 있다.

'우선, 교회가 축하할 일들에 맞춰 선물하는 경우다.'

예컨대 권사 취임, 각종 수료 등이 여기에 해당된다. 당연히 목회자가 교인들이 꼭 읽었으면 하는 책들이 선정된다.

'그 다음, 교회의 대규모 행사 또는 세미나와 책이 직접적으로 연계되는 경우다.'

이런 식으로 재미를 본 책이 『목적이 이끄는 삶』이다. 대규모 행사, 세미나와 연결된 책들은 교육 목적상 교인들 누구나 다 사야 한다. 이 경우, 특히나 책과 관련한 각종 부수적인 용품들의 판매까지 더해져 실제 책과 연계된 매출액은 훨씬 더 커진다.

두 번째, 일반 출판계까지 입소문이 나는 경우다. 그 대표적인 사례가 『긍정의 힘』이다. 기독교 관련 책이 일반 시장에까지 진입해 기존의 종교 책이라는 장벽을 허문 경우다. 불교계로 치면 『무소유』와 같은 책이 여기에 해당된다. 승려가 쓴 책이지만 그 책이 불교계 안에서만 유통되지 않으니까.

　이 두 가지 경우에 해당하지 않는 대부분의 기독교 책은 정말로 몇 천 권이 팔리면 많이 팔린다고 할 만큼 짧은 수명을 다하고 끝내 절판되기 일쑤다. 그럴 수밖에 없다. 그도 그럴 것이 책을 읽는 10만 명의 크리스천들의 신앙적 특성, 기호가 가지각색 아닌가? 이런 다양성이 가톨릭 출판계와 비교할 때 큰 차이다. 개신교의 특징이니까 이 점을 놓고 어떤 가치 판단을 내리기란 어렵다. 하지만 책의 판매라는 관점에서 봤을 때 개신교 내의 이런 신앙의 다양성은 책을 쓰는 사람이나 출판사를 참으로 곤혹스럽게 한다. 책을 살 때 사람들은 무엇보다 자신의 신앙 색깔에 따라 구매를 결정한다. 지금 갓피플의 100위 안에 드는 책들 중 『재정적인 번영에 대한 성경적 열쇠들』Biblical Keys to Financial Prosperity이라는 책이 있는데, 비록 이 책이 '삼중축복'을 중시하는 교인들에게는 중요할지 몰라도 내게는 아무런 관심이 없는 책이다. 누가 행여 돈을 주고 읽으라고 할지라도……. 돈이 아주 궁한 경우에나 읽을 책이다. 하지만 동시에 이런 책을 즐겨 읽는 이들에게 예컨대 『신학 실종』No Place for Truth이니 『분열된 복음주의』Evangelicalism Divided 같은 책이 주는 느낌은 한마디로 『양자물리학』이라는 책이 보통 사람에게 주는 느낌과 동일할지도 모르겠다. 극단적인 가정으로 '신학 실종'이라는 제목에 어떤 부모가 '신학이라는 애를 잃어버렸나?' 하고 생각할지도 모른다.

상황이 이러니 결국 출판사는 생존을 위해서라도 '팔리는 책'에 더 집중할 수밖에 없다. 참으로 안타까운 현실이다. 그러면 10만 명이라는 고정된 독자들을 가진 기독교 출판계에서 그나마 베스트셀러가 될 가능성이 높은 가장 안전한 책은 어떤 것일까?

'우선, 그 누구도 마음 상하게 하지 않는 감동적인 간증 책이다.'

비록 제목이 노골적인 간증을 암시하지 않더라도 내용이 결국은 자기 이야기인 것, 그나마 팔리는 많은 책이 여기에 해당한다. 이런 책들은 누가 보아도 다 고개를 끄덕이게 하는 좋은 말로 채워져 있다. '성경을 열심히 먹어라 그리고 평생 감사해라' 하는 식으로 말이다.

'또 하나는 성공(치료)을 보증하는 책, 뭔가 확실한 '약속' 또는 비결을 알려주는 책이다.'

주로 은사와 관련한 책들이 여기에 해당된다. 호기심과

더불어 무엇보다 '저 책을 읽으면 나도 저 저자처럼 될 수 있지 않을까?' 하는 기대감을 불러일으키는 것이 핵심이다.

물론 위의 조건을 다 갖춘다고 항상 베스트셀러가 되는 것은 아니다. 책이 팔리는 데에는 출판사의 지명도, 마케팅 등등의 다른 요소가 많이 고려되니까.

'책이 성공적으로 팔리는 또 다른 조건은 가독성의 여부다.'

무엇보다도 사람들이 쉽고 재미있게 읽을 수 있도록 구성되어야 한다. 그래야 책의 수명이 오래갈 테니까.

하지만 가장 중요한 점은 이것이다.

'핵심은 이 한정된 기독교 출판 시장을 더 이상 신앙 색깔 또는 교리로 나누지 않고 다 포용할 수 있어야 한다.'

내가 볼 때 위에서 언급한 조건들을 다 충족하는 책은 단연 『내려놓음』이다. '내려놓음'과 같은 간증 책은 사실, 이러쿵저러쿵할 게 없다. 내려놓고 하나님을 열심히 섬기겠다는 데 누가 무슨 토를 달겠는가? 반대 의견이나 비판의 목소리가 나올 소지가 없다. 교파나 교리에 따라 각을 세운 채 의견 분열이 일어날 일도 없다. 장로교나 오순절이나 다 하나님 앞에서 자신을 포기하자는 말 앞에서 무슨 할 말이 있겠는가? 게다가 이 책은 저자가 가진 학력, 하버드 대학교라는 배경이 사람들에게 호기심과 함께 은연중의 기대를 불러일으킨다.

'아니, 하버드를 포기할 정도의 믿음을 가진 사람이면 지금 내가 고민하는 신앙의 문제에 답을 줄 수 있지 않을까?'

'아, 나도 저 사람처럼 하나님께 쓰임 받고 싶은데, 그 확실한 비결이 이 책에 숨어 있겠지?'

'나도 저 책을 읽으면 지금 도저히 놓지 못하는 이것을 내려놓고 저자처럼 쓰임 받을 수 있겠지?'

사람들은 이런 생각들을 하며 책을 집어 들게 된다.

책 제목은 또 어떤가? '내려놓음'은 이제 교회 내에서 하나의 일상용어가 되었다. 이 책이 출간된 이후 기독교 출판계에는 제목을 다는 데 '네 글자' 선풍이 불었다. 아직까지도 말이다. 나는 이 제목을 저자가 지었는지 아니면 출판사에서 지었는지 모른다. 만약 후자라면 제목을 지은 출판사 직원에게는 확실한 보너스를 줘야 한다(2011년 초, 나는 규장출판사의 여진구 대표를 통해 제목을 지은 장본인이 바로 여진구 대표 자신임을 알게 되었다).

나는 이 책이 나온 뒤, 언젠가 친구에게 이런 농담을 했다.

"두고 봐. 조만간 2부가 '더 내려놓음'으로 나올 테니까. 그리고 상황에 따라서 3부가 나올 수도 있어. 제목이 너무 좋아서 2부로 끝내긴 좀 아깝거든. 3부는 아마도 '다 내려놓음'이 되지 않을까? 뭐, 나라면 화끈하게 '막 내려놓음'이라고 하고 싶겠지만 말이야."

그런데 내가 예상했던 대로 정말 『더 내려놓음』이란 제목으로 2부가 나왔다. 나 자신도 깜짝 놀랐다.

내가 처음 『심리학에 물든 부족한 기독교』의 원고를 출판사에 보냈을 때, 제목은 '부족한 기독교, 심리학으로 도와라'로 다소 촌스러웠다. 그런데 이 제목이 출판사에서 '심리학에 물든 부족한 기독교'로 진화했다. 나도 애초에 '네 글자'로 만들고 싶었다. 그런데 그게 참 안 되었다. 하지만 어느 날 이 긴 제목의 책이 '심부기'라는 줄임말로 '세 글자'가 되어버렸다.

여하튼 『내려놓음』에는 큰 장점이 또 하나 있다. 어쩌면 위에서 언급한 조건들을 다 충족하기 때문에 가능할지도 모르는 '성공 요소'다. 다름 아니라 이 책은 목회자가 적극 추천하는, 교인들이 꼭 읽었으면 하는 책이라는 점이다. 목회자의 입장에서 교인들이 좀 더 내려놓고 교회에 헌신하는 신앙생활을 하기 원하지 않는 사람이 누가 있겠는가? 목회자 입장에서 가장 추천하기 싫은 책은 '분별하라' 하는 식의 것일지도 모른다. 왜냐하면 목회자 자신이 '분별 대상'이 될 수도 있으니까. 그런 면에서 목회자가 안심하고 추천할 수 있는 책들은 결코 논란의 여지가 있을 수 없는, 구구절절 맞는 말로만 쓰인 책들이다.

기독교 출판계에서 대형 교회 목회자의 추천은 실로 엄청난 파워 요소다. 예를 들어 몇 만 명 모이는 교회의 한 목사가 설교 시간에 어떤 책에 대해 강력 추천하는 경우 그 책은 그날 당장 몇 천 권이 팔릴 수도 있으니까. 마치 일반 작가들의 책을 책 전문 기자가 신문에 추천하거나 또는 한 유명 작가가 신문에 추천 기고를 하는 것과 맞먹는 힘을 가졌다고 할 수 있다.

『목적이 이끄는 삶』도 마찬가지다. 이 책은 메가 베스트셀러의 확실한 열쇠가 되는 단체 세미나와 연결됨으로, 실로 엄청난 폭발력을 보여주었다. 무엇보다 나날이 발달하는 테크놀로지 속에서 여전히 공허를 느끼며 '삶의 의미'를 갈구하는 사람들에게 제목만으로도 '삶의 의미 찾기 비법'에 대한 무한의 호기심을 불러일으킴으로 전 세계적 베스트셀러가 되었다.

그렇다면 이와 반대로 도저히 팔릴 수 없는 책들은 어떤 것일까? 간단하다. 위에 서술한 베스트셀러와 반대로 만들어진 책들이다. 안 팔릴 조건들을 갖춘 책을 굳이 한 문장으로 말하면 이렇게 요약할 수 있다.

'나의 아픈 곳, 두려운 곳, 또는 민감한 곳을 건드려 고민하고 생각하게 만드는 책!'

어떻게 보면 지금까지 나온 『부족한 기독교』 시리즈는 나름대로 이 조건을 충족시키므로 안 팔려야 할 책이었지만 그럼에도 꽤 많이 팔렸다. 여러 가지 이유가 있겠지만 그중 하나는 저자의 유명한 아버지 때문이다. 독자들 중에는 도대체 옥한흠 목사 아들이 무슨 소리를 하는지 궁금해한 이들이 많았던 것 같다.

앞서 언급했던 말을 다시 강조한다. '한국 교회의 수준은 목회자의 수준이고 목회자의 수준은 성도의 수준이며 그 성도의 수준은 그들이 읽는 책의 수준이다.'

결국 성도들의 손에 잡힌 책의 수준이 한국 교회 전체의 수준이다. 하루 빨리 성도들이 책을 읽고 목사를 변화시키는 시대가 와야 한다. 목회자가 읽고 추천한 책들만 받아 읽는 수준을 빨리 탈피해야 한다. 생각해보라. 회사에서 날마다 사장이 읽으라는 책들만 읽는 직원은 어떻게 될까? '점점 더 사장님의 마음에 쏙 드는 직원'이 될 뿐이다. 물론 직원은 사장의 마음에 들어야 직장생활을 잘할 수 있다. 하지만 교회는 다르다. 목사 마음에 드는 성도가 반드시 하나님의 마음에 드는 성도는 아니다. 회사에서도 직원이 읽고 사장에게 추천하는 책들이 더 많아질 때 그 회사는 더욱 균형 있고 경쟁력 있는 조직이 될 수 있지 않을까? 이는 당연히 교회에서 더 중요할 것이다. 개신교의 핵심은 '만인 제사장'이다. 성도들이 목사를 바꿀 수 있는 교회, 어떻게 가능한가?

'책밖에 없는 것 같다.'

나는 책을 통해 한국 교회에서 구호에 불과한 '만인 제사장'이 현실이 되기를 바란다.

브라이언 트레이시라는 유명한 미국의 세일즈맨이자 자기계발 전문가가 이렇게 말했다.

"세상이 달라졌다. 이제는 책을 통해 누구나 다 어느 분야에서든 '전문가'가 될 수 있는 시대가 되었다. 내게 단 육 개월의 시간만 다오. 나는 그동안 미친 듯이 공부해 어떤 분야에서도 남에게 지지 않을 전문가가 될 수 있다."

이 말은 물론 미국에 해당하는 이야기다. 우리나라는 아직은 아니다. 책 수준에서 미국 출판계와 비교가 안 되기 때문이다. 내가 '분야를 막론하고' 좋은 미국 책들을 찾으면 항상 한국에서 번역되었는지를 확인한다. 왜냐하면 영어로 읽으면 나름 장점이 있지만 우리말로 읽는 것과는 비교도 안 되게 오래 걸리니까. 내게 책 읽는 것은 시간과의 싸움이다. 하지만 대부분의 경우 번역이 된 경우는 거의 없다. 따라서 브라이언 트레이

시의 말이 한국에서도 현실이 되려면 시간이 좀 걸릴 것 같다.

하지만 기독교 서적과 관련해서는 외국에서 나온 책들 중 충분할 만큼의 좋은 책들이 번역되었다. 이제 얼마든지 성도들이 마음먹기에 따라 좋은 책들을 읽고 목회자에게 영향을 끼칠 수 있는 환경이 조성되어 있다. 책을 통해서 말이다.

나는 『신학 실종』과 같은 데이비드 웰스David Wells의 책들이 그다지 많이 팔리지 않는 것을 보면 정말로 안타깝다. 솔직히 내 책들이 안 팔리는 것보다 더 마음이 아프다. 웰스의 책을 읽고 고민할 정도의 크리스천들이 늘어나는 것은 상가에 교회들이 늘어나는 것보다 더 중요하다. 교회마다 『목적이 이끄는 삶』 같은 책 말고 웰스의 책을 읽고 공부하고 토론하는 모임이 늘어난다면 10년, 20년 후 한국 교회는 좀 더 희망을 가질 수 있지 않을까?

내 속에는 지금 두 가지 욕심이 공존한다. 나도 베스트셀러 공식을 충족시키는 책을 한번 쓰고 싶다. 동시에 위에서 언급한 조건에 철저히 반대되는 베스트셀러를 만들어내고 싶다.

07.
이게 다
붉은악마 탓이다?

당신은 하나님을 사소한 하나님,
이상한 하나님으로 만들고 있는가?

내 마음에 들지 않더라도 하나님의 간섭하심이라고 인정할 수 있다면, 교회가 지금보다는 상황이 좀 나아지지 않을까? 내 마음대로 되면 하나님의 인도하심, 그게 아니면 사탄의 방해? 이래가지고서야 무슨 말이 통할까?

2010 남아공월드컵이 끝난 지 벌써 2년이 다 되어 간다. 나는 기억이 가물가물한 1978 아르헨티나월드컵에서부터 이탈리아의 파올로 로시 Paolo Rossi 라는 깜짝 스타를 배출한 1982 스페인월드컵, 그리고 우리나라가 출전하기 시작한 1986 멕시코월드컵 이후 모든 경기를 거의 다 소상하게 기억하고 있는 사람이다. 축구 마니아로서 2010 남아공월드컵을 보고 가장 진하게 느낀 점은 비록 100퍼센트는 아니지만 '우리나라가 비로소 축구 선진국과 어느 정도 대등한 수준의 경기를 하게 되었구나' 하는 것이었다. 우리나라 축구가 이 수준에 이르는 데 1986년 월드컵 출전 이후 거의 30년 가까운 시간이 걸린 것 같다. 물론 2002년도를 이야기하는 이들도 많겠지만……. 우

리가 지금 수준에 이른 것은 무엇보다 박지성을 위시하여 유럽 축구에 익숙한 선수들이 늘어나면서 얻은 가장 큰 수확일 것이다.

혹시 백인 또는 흑인과 축구를 해보았는가? 그들과 공을 다툴 때 가장 확연하게 느끼는 것은 그네들의 긴 다리다. 동네 축구에서는 '이 정도' 공을 꺾으면 충분히 제칠 수 있는데 그들에게는 그게 안 통한다. 긴 다리 때문에 공이 번번이 걸린다. 패스도 마찬가지다. 선수들도 그런 부분을 포함해 체격 조건이 현격하게 다른 이들과 경쟁하는 데 익숙해지기까지 꽤 긴 시간이 걸렸을 것이다. 사실 우리와 북한팀이 실력에서 그렇게 차이가 나지 않음에도 북한이 포르투갈에게 그처럼 완패(2010 남아공월드컵 G조 2차전에서 포르투갈은 북한에게 7:0의 수모를 안겼다)를 당한 이유는 그들에게 유럽 축구의 경험이 전무하다는 점 때문이 아니었을까?

아무튼 이제 우리에게는 아시아의 수준을 넘어서는 선수들이 한둘씩 생기고 있다. 이것이 지금보다 더 나아질 2014 브라질월드컵을 기대하게 하는 이유다.

스포츠 이야기를 할 때, 여전히 우리나라 크리스천들에게는 '고질병' 하나가 있다. 바로 스포츠와 하나님의 영광을 어떻게든 연결시키려는 습관이다. 나도 이영표 선수와 박주영 선수가 기도하는 모습을 보며 울컥 감격을 느꼈다. 2010년 월드컵 기간에 행여나 이 두 선수를 통해 국가대표 감독을 맡았던 허정무 씨가 하나님을 만났으면 좋겠다, 하는 생각까지 했다. 그러나 스포츠는 그냥 스포츠일 뿐이다. 일본의 실력이 우리보다 더 좋다면 아무리 그 나라에 거의 국민 머릿수만큼의 미신이 있더라도 거뜬히 8강 또는 4강도 갈 수 있다. 사실, 일본이 1990년대 초부터 J리그를 통해 축구에 투자한 돈과 정성은 우리의 K리그와 비교할 수 없다. 물론 상황이 안 되어 그렇겠지만, 한국 프로축구 경기장에 일 년에 단 한 번도 안 가면서 월드컵에서의 기적을 바라는 그 기대심리는 어떻게 보면 '한국적 도둑놈 심보'가 아닌가 하는 생각까지 한다.

언젠가 독일 뮌헨으로 출장 갔을 때의 일이다. 토요일 이른 아침부터 너무 시끄러워서 무슨 일인가 싶어 호텔 앞으로 나왔다. 그때 거리가 온통 그날 오후에 있을 FC 바이에른 뮌헨 Bayern München 축구팀의 경기를 응원하는 사람들로 가득 차 있었다. 그 팀의 유니폼을 입은 수많은 사람이 아침부터 북을 치며 팀 깃발을 흔들면서 떼를 지어 거리를 다니고 있었다. 우리에게는 4년에 한 번 있는 '붉은악마의 응원'이 그곳에서는 매주마다 있었던 것이다. 축구 경기장을 찾는 사람들이 많고 그에 따라 프로팀들이 많이 생기고 선수층이 두꺼워지는 것……. 그것만이 좋은 실력과 성적을 보장한다. 세계 그 어느 나라가 아무리 용을 써도 중국 탁구를 이길 수 없는 이유가 무엇 때문인가? 바로 수십만에 이르는 중국의 탁구 선수층 때문이다. 그들의 두터운 선수층은 몇 명의 천재로 결코 뒤집을 수 없는 힘이다.

사실, 이 글을 쓴 이유는 2010 남아공월드컵에서 한국이 우루과이에게 패한 직후 어느 교회 게시판에 누군가가 올린 글 때문이다. 그 사람은 그 글을 통해 한국이 패배한 이유를 나름 소상하게 분석했다. 그가 파악한 한국의 패배 원인은 다름 아닌 '붉은악마'의 응원에 있었다. 즉, '악마'라는 하나님 원수의 이름을 가진 사람들이 우리팀을 응원하니 어떻게 하나님께서 기뻐하시고 우리에게 승리를 주시겠냐는 요지의 글이었다. 그 글을 읽고 어이가 없었다. 하도 황당해 처음에는 '유머'를 목적으로 쓴 글인가 싶었는데 전혀 아니었다.

그렇다면 당연히 우리는 다음과 같은 의문을 가지지 않을 수 없다. 그럼 하나님께서 아예 한국팀이 예선에서부터 3전 전패를 하게 하시지 16강에는 왜 오르게 하셨을까? 아! 한국팀을 더 약 오르게 하시려고? 그렇다면 앞으로 우리 응원팀을 '하얀천사' 또는 '가브리엘' 뭐 이런 것으로 바꾸면 앞으로 월드컵에서 아르헨티나, 브라질 다 꺾고 항상 우승할까? 말도 안 되는 영역에 하나님을 끌어다 붙이는 이런 식의 사고는 결코 '범사에 하나님을 인정하는' 태도가 전혀 아니다. 도리어 하나님을 일반 상식의 수준보다도 한참 아래로 끌어내려 모욕하는 것이다. 하나님을, 공부는 내팽개치고 기도만 하는 학생에게 100점을 주시는 그런 말도 안 되는 존재로 만드는 것과 전혀 다르지 않다.

오래전 우리나라에는 '할렐루야'라는 축구팀이 있었다. 아마 많은 이가 그 축구팀을 기억하고 있을 것이다. 할렐루야팀과 관련해 지금 생각하면 참으로 감사한 일이 한 가지 있다. 할렐루야팀이 활약하던 그 당시 '나무아미타불'팀이 없었다는 점이다. 만약 당시 조계종에서 만든 '나무아미타불'팀이 있었다면 과연 무슨 일이 벌어졌을까? 한번 상상해보라. K리그 결승에서 '할렐루야'팀과 '나무아미타불'팀이 붙는 장면을 말이다. 한국 교회에 난리가 났을 것이다. 아마도 경기 며칠 전부터 시청에 모여 연합 기도회를 열고 통성으로 기도하며 할렐루야팀의 승리로 하나님의 영광을 드러내게 해달라고 떠들썩했지

싶다. 그 경기를 통해 하나님이 부처보다 확실히 세다는 것을 온 세상이 보도록 해달라고 기도하는 사람들로 시청 또는 여의도 전체가 들썩거렸을 것이다.

크리스천이 금메달을 딴 것을 보고 하나님의 영광을 운운하는 사람은 불자가 금메달을 딴 것을 보고 부처님의 영광이 드러났다고 말하는 사람과 다를 게 없다. 크리스천이 금메달을 못 따면 하나님의 영광이 가려졌다고 말하는 것과 다름없다. 나는 확신한다.

'많은 크리스천이 갖고 있는 이런 식의 사고방식은 하나님을 교회 속의 하나님, 사소한 하나님, 더 나아가 이상한 하나님으로 만들 뿐이다.'

2010 남아공월드컵을 보면서 나는 항상 느끼던 한 가지 사실을 다시 한 번 확인할 수 있었다. 스포츠는 너무도 잔인하다는 사실 말이다. 올림픽과 월드컵처럼 4년에 한 번 열리는 경기는 선수들에게 특히 더 잔인한 것 같다.

언젠가 김연아의 피겨 스케이팅 연기를 보면서 정말로 수년간의 준비가 단 한 번의 예상치 못한 엉덩방아로 허사가 될 수도 있다는 생각에 오싹하기까지 했다. 스포츠의 이런 돌발적 특징 때문에 그 누구보다도 운동선수들 중에는 독실한 신자들이 많다. 자신의 노력과 자신의 재능이 결과를 100퍼센트 보장하지 않음을 누구보다 잘 아니까 말이다.

2010 남아공월드컵에서 나는 이동국 선수를 보며 누구보다 가슴이 아팠다(대한민국 월드컵 출전 사상 원정 첫 16강전이었던 우루과이 전에서 2:1로 패색이 짙던 후반 41분, 이동국은 골키퍼의 일대일 결정적인 동점골 찬스에서 아쉽게 골을 넣지 못했다). 그에게 정말로 위로를 보내고 싶었다. 잘은 모르지만 스포츠가 주는 영광은 잠깐일 것이다. 그에 비해 주변을 살펴볼 때 승부의 세계가 주는 잔인함은 그 영광과 비교도 할 수 없을 만큼 더 길고 질길 것이다. 마치 우리 인생처럼 말이다. 스포츠의 잔인함 속에서도 중심을 잡고 꿋꿋이 살아가는 모든 선수에게 격려를 보내고 싶다. 비록 당장은 스포츠가 전부인 것 같지만 그게 인생의 다는 아님을 알고 그들이 패배의 아픔마저도 넉넉히 이기는 여유를 가져주었으면 한다.

이동국 선수가 경기 후 이렇게 말했다고 한다. 골키퍼와 일대일로 마주치는 그 순간을 자신은 수도 없이 상상하고 또 상상했다고…….

나는 그 기사를 읽으면서 묻고 싶었다. 그놈의 '상상의 힘' 또는 '말의 힘'을 강조하는 사람들에게 말이다. 뭐든지 간절하게 원하면 다 된다는 자기도 믿지 않는 소리를 떠들고 다니는 사람들에게 당장 뛰어가서 묻고 싶었다. 이동국의 12년간의 상상은 왜 그 순간 아무런 힘을 발휘하지 않았냐고……. 그 순간만큼은 나도 그들의 말이 맞기를 간절히 바랐으니까.

08.
**신비주의에 낚인
감각한 성도**

'영혼', '영적'이라는
단어에 훅 낚인 채
당신도 아주 교묘하게 너그러워진
십자가를 탐하고 있는가?

방언에 대한 많은 사람의 정직한 커밍아웃이 필요하다. 방언과 관련해 더 이상 비겁한 침묵의 카르텔은 사라져야 한다. 방언은 둘 중 하나다. 진짜 아니면 엉터리! 이 중간은 없다. 대다수 교회 지도자는 마치 그 중간이 있다는 식의 어정쩡한 태도로 성도들에게 혼란을 줄 뿐 아니라 방언과 관련한 각종 부작용에 단단히 한몫을 거들고 있음을 깨달아야 한다. 나는 다시 한 번 말하고 싶다. 교회 내에서 울려 퍼지는 방언은 100퍼센트 엉터리다.

다음의 글은 분당의 어느 교회 게시판에 누군가가 '너무 힘드네요'라는 제목으로 올린 글이다.

목사님, 저는 20세 학생입니다. 방언을 너무너무 사모해서 정말 눈물 흘리며 구하고 있는데요. 아직까지도 받지 못하고 있습니다. 다른 사람은 다 받았는데, 저만 못 받아서 맨 처음에는 원망까지 했습니다. 오늘 수련회를 갔다 왔는데 수련회에서 목사님이 이런 말씀을 하시더군요. 하나님의 영으로 변화를 받은 사람에게 나타나는 특징이 여러 가지가 있는데 특히 기도가 변한다고 하더군요. 그렇게 말씀하시고 합심으로 기도를 했습니다. 방언을 구하며……. 정말 주위의 여러 사람이 방언을 받는데, 저는 아무리 간절히 구해도 주시질 않네요. 저희 목사님이 그냥 기도를 하면 나의 혼이 기도를 하기 때문에 길게 또 깊게 기도할 수 없다고 하시더라고요. 하지만 방언을 하면 영으로 기도하는 것이기 때문에 정말 오랫동안 기도할 수 있고 깊게 교제할 수 있다고 하셨어요. 저도 그냥 기도하면 10분을 넘기기가 힘들어요. 왜 다른 사람들은 주시는데 저는 주시지 않는 걸까요? 목사님이 다른 분 글에 방언은 주님이 주시고자 하는 자에게 주신다고 하셨는데, 정말 저는 너무너무 받고 싶어서 미쳐버릴 것만 같은데, 정말 어떡하죠? 자꾸 못 받으니까 실망만 하고 절망만 하게 됩니다.

내가 학교 다닐 때 매일 밤 철야를 하며 기도한다는 친구가 있었다. 정말로 대단하지 않은가? 학교를 다니는 학생이 매일 밤을 새며 기도한다니 말이다. 내가 물었다.

"정말이야? 너 정말 잠도 안 자고 기도해?"
"응. 당연하지."

"안 피곤하냐? 사람이 그러고 어떻게 살아?"

"하나도 안 피곤해. 기도하면 오히려 몸에서 더 힘이 나."

호기심을 이기지 못한 나는 어느 날 그 친구 집에서 밤에 같이 기도하기로 했다. 정말로 나도 그 친구처럼 기도하면, 밤새 기도하고도 정말 거뜬하게 다음 날 학교 갈 수 있는지 궁금하기도 했고, 또 무엇보다 그 친구의 그 신비한 영성이 부럽기도 했기 때문이다.

저녁을 잘 먹고 그 친구 방에서 우리는 함께 기도하기 시작했다. 그 친구가 조용히, 하지만 정말로 간절히 중얼거리며 기도하기 시작했다. 몇 분이나 흘렀을까. 나는 기도하다가 잠이 들었다. 그런데 자다가 깼다. 친구는 기도하는데 나 혼자 기도하다가 잤다는 죄책감에 눈을 뜬 순간 잠이 확 달아나버렸다. 몸을 일으켜 미안한 마음으로 그 친구를 보았다. 친구는 여전히 무릎을 꿇고 머리를 방바닥에 처박은 채 처음과 같은 자세로 기도하고 있었다. 역시, 대단한 영력이었다. 그런데 그 친구한테서 들리는 소리가 처음과는 좀 달랐다. 처음에는 여전히 웅얼거리며 기도하는 줄 알았는데 자세히 들어보니 그게 아니었다. 엎드려 기도하는 자세로 땅바닥에 처박은 그 친구의 얼굴쪽에서 나지막하게 그러나 규칙적으로 흘러나오는 그

소리는 다름 아닌 코를 고는 소리였다. 다음 날 내가 물었다.

"어제 기도 잘됐어? 나는 그만 기도하다가 잠이 들어서 말이야."

"당연하지. 밤을 새워서 하나님께 기도하는 게 쉽나?"

너무도 천연덕스러운 그 친구의 말에 황당해서 내가 말했다.

"야! 그런데 너도 보니까 코 골면서 자는 거 같던데?"

하지만 그 친구는 내 말에 아무런 동요가 없었다.

"응……. 너한테는 그렇게 보일 수도 있는데…… 난 잔 게 아니야. 기도의 깊은 경지에 도달하면 보통 사람이 보기에는 자는 것처럼 보이기도 해. 바울도 그랬잖아. 내가 삼층천에 올라갔을 때 깼는지 자고 있었는지 모른다고 말이야. 그게 진짜 기도의 경지지. 나는 바울이 기도하는 중에 천국에 갔다 왔다고 생각해. 나도 기도하다가 몇 번 정말로 여기가 천국이 아닐까 하는 그런 느낌을 받은 적이 있어. 정말로 비몽사몽 중에 하나님이 나를 어디로 데려가시나 하는 느낌을 가진 적이 여러 번 있다니까. 진짜 아무나 알 수 없는 영적 신비로운 세계지. 네가 아직 기도의 깊은 세계로 들어가지 못해서 그런 거야."

육체는 코를 골며 잠을 자고 있어도 '영'은 여전히 깨어서 하나님께 기도하는 엄청난 경지에 그 친구는 도달해 있었던 것이다. 당시 그 친구는 방언이 무엇인지도 몰랐고 관심도 없었다. 하지만 졸린 눈을 비비며 웅얼거리며 자기도 모르는 소리를 내뱉다가 정신이 오락가락하는 상태를 '기도'라고 한다면 그 친구도 지금의 기준에서는 분명 '영'으로 기도한 사람이다.

　주변에 방언으로 오래 기도하는 사람들에게 한번 물어보라. 입으로는 자기도 무슨 소리인지 모르는 소리를 지껄이면서 마음속으로는 이 생각 저 생각에 정신없는 사람들이 많다. 한마디로 방언한다는 입과 생각이 따로 놀고 있는 것이다. 지금 당신 앞에 누군가가 와서 한 시간이 넘게 떠들고 있다고 한번 상상해보라. 문제는 말하는 그 사람 자신조차도 무슨 소리인지 모르는 이상한 단어들 몇 개를 이리저리 조합해서 반복해 계속 떠들고 있다면 당신의 기분은 어떻겠는가?

　위에서 언급한 게시판에 글을 올린 그런 사람이 우리 주변에 얼마나 많은가? 잘못 배워서 말도 안 되는 열등감과 좌절감에 젖어 신앙생활을 하는 저런 불쌍한 사람들이 도대체 몇 명이나 될지 셀 수도 없을 것이다. 하지만 그 친구와 같이 굳이 그 방언이라는 걸 꼭 해야 직성이 풀리겠다는 사람에게는 나는 이렇게 답변하겠다.

"족집게 방언 선생을 잘 만나면 됩니다. 그러면 당장 해결됩니다. 그리고 그와 더불어 중요한 것은 마음의 긴장을 푸는 것입니다. '오늘 못 받으면 난 절대로 못 받을지 몰라'와 같은 필요 이상의 스트레스를 가지면 안 됩니다. 그러면 오히려 방언이 혀를 타고 나오는 데 장애가 되니까요. 그냥 편하게 오늘 안 되면 내일 하지, 뭐. 이렇게 생각하면 의외로 쉽게 풀립니다. 필요 이상의 긴장이 주는 '장애' 때문에 많은 사람이 오히려 생각하지도 못했던 곳에서 방언을 하곤 합니다. 전혀 긴장이 없는 곳에서 편하게 있는 중 전에 연습했던 방언이 터져 나오는 것이지요. 연습할 때는 너무 긴장해서 막혀 있던 것이 긴장이 풀리자 자연스럽게 흘러나온 것입니다. 설거지를 하면서 주기도문을 외우는데 갑자기 방언이 나온다든가, 또는 운전하면서 노래를 흥얼거리고 있었는데 방언이 터진다든가. 그러니까 중요한 건 일단 족집게 선생을 찾아가고요. 그 선생님 앞에서도 가능하면 긴장을 풀고 따라 하라는 단어를 시키는 대로 편하게 반복하면 누구나 하게 됩니다. 비록 그 현장에서는 못했다고 하더라도 너무 실망하지 말고 마음을 편하게 갖고 있으면 조만간 생각하지도 못한 곳에서 하게 됩니다. 오죽하면 과거 어느 기도원의 유명한 모 목사님이 그러셨잖아요? '여기서 방언 못 받는 놈은 개만도 못한 사람이다. 우리 기도원에서는 키우는 개도 방언을 한다.' 당신은 개가 아닌 사람입니다. 그러니까 걱정하지 마세요. 방언은 누구나 다 합니다."

다음은 언젠가 기사로 회자된 이야기다.

한 탤런트는 모 사극에서 주인공을 왕의 자리에 오르게 하는 신녀 역을 맡았다. 그녀는 "당시는 왕권과 신권이 대등하던 시기다. 주인공이 왕이 될 운명이라는 것을 시청자들에게 알려야 하는 역할이다"라고 극중 자신의 배역의 대한 중요성을 설명했다. 그녀는 독실한 크리스천으로 알려져 있다. 그녀는 하나님 말씀을 전달해야 하는 신녀 역할을 자신의 운명이라고 털어놨다. 그녀는 "최근에 6개월간 너무 괴로웠다. 아버지가 돌아가시고 일도 뜻대로 되지 않아 힘든 일이 많았다"며 "당시 집과 교회를 오가며 절실하게 기도를 했다. 그랬더니 우연하게도 이번 배역으로 하나님의 말씀을 사람들에게 전하는 신녀 역할을 맡게 됐다. 아무래도 신녀 역은 내 운명인 것 같다"고 남다른 사연을 털어놨다. 그녀는 "신녀는 기도자이기 때문에 번뇌하는 모습 등을 눈빛과 제스처로 연기를 해야 한다"며 "내가 평소 진심으로 기도하는 모습으로 연기를 하면 그 진심이 시청자들에게 전해질 것 같다"고 연기와 일상생활을 따로 떨어뜨려 생각하는 것이 아니라 이미 일직선상에서 받아들이고 있었다.

※ 출처 : http://www.newsen.com/news_view.php?uid=201004241020211001

이 탤런트가 인지하고 있는 하나님과 천지신명의 차이가 뭔지 모르겠다. 그냥 맡은 배역 열심히 잘하면 되지, 왜 거기에 말도 안 되는 해괴망측한 '하나님의 뜻을 전하는 신녀'를 갖다 붙이는지 이해할 수가 없다. 행여나 이 사람이 다니는 교회에서는 이 '신녀' 역할을 통해 하나님의 영광을 돌리게 되었다고 감사 예배를 드리지는 않을까?

위의 두 이야기는 오늘날 교회를 '열심히' 다니는 크리스천의 수준을 단적으로 보여주는 아주 작은 사례들 중 하나다. 어떤 수준인가?

'대상이 무엇이든지 그냥 나한테 필요하고 나한테 말이 되면 더 이상의 검증은 필요로 하지 않는 바로 그 수준이다.'

내가 이렇게 느낀다는데 더 이상 옳고 그름이 들어설 자리는 어디에도 없다. 내게 도움이 되는데 뭐 더 이상의 왈가왈부가 필요하겠는가? 무슨 소리를 지껄이는지 모르고 떠들어도 일단 매일 한 시간의 기도를 '지겨움' 없이 채울 수만 있다면……. 그래서 그게 나의 영적 자존심을 확실하게 보장해줄 수 있다면 더 이상의 고민은 필요 없다. 신녀가 되든 탁발승이 되든 내가 맡은 역할에 하나님의 특별한 섭리가 숨어 있다고 생각해야 나도 좋고 남들에게도 은혜가 된다는데, 더 이상 무슨 꼬투리를 잡을 일이 있을까?

상상할 수 있는가? 외국은 말할 것도 없고 우리나라에서 1980년대 초까지만 해도 조용기 목사를 이단이라고 생각하는 사람들이 많았다는 사실을 말이다. 그리고 그 점을 연구한 책들까지 출판되었다. 나는 지금 조 목사가 이단이냐 아니냐를 가지고 말하는 것이 아니다. 30년 전까지만 해도 우리나라 교회에서는 성경에 비추어 '옳고 그름'에 대한 최소한의 '관심'이 있었다는 말을 하고 싶은 것이다.

하지만 오늘날 이런 '관심'을 찾기란 매우 어렵다. 한 예로 조 목사의 교리에 대한 이런저런 이야기는 사라진 지 오래다. 왜 그런가? 그의 교회가 워낙 커버렸기 때문이다. 마찬가지로 몇십 년 전만 해도 교회 안에서 방언에 대한 고민과 우려를 찾는 것은 어렵지 않았다. 하지만 이제는 사정이 다르다. 왜 그런가? 교회 안에 말씀보다는 뭔가 신기한 것에만 관심을 갖는 사람들이 점점 더 많아지고 있기 때문이다.

'이제 세상은 달라졌다. 크면 모든 것이 허용된다. 효과가 있으면 모든 것이 합격이다.'

말씀을 앞에 놓고 옳고 그름을 따지기보다는 어떡하든 성도의 눈에서 눈물 한 방울을 더 짜내기 위해 골몰하는 '감성 설교', '감동 예화' 그리고 '감동 간증'이 우리 주변을 채우는 한 앞으로 이러한 추세는 점점 더 커질 것이다. 큰 것이 하나님의 축복이고 효과가 하나님의 응답인 지금의 현실이 열어갈 다음 단계는 자명해 보인다. 그것은 분명 아주 교묘하게 너그러워진 십자가일 것이다.

09.
나는 바울에게
열등감을 느꼈다

우리에게 필요한 것은
'회심'의 롤모델을 향한
열등감이 아닌,
말씀을 향한 열정이다.

가벼운 회심은 손쉬운 변절로 이어진다. 진돗개 전도법으로 회심한 사람은 행여 불교가 '사냥개 포교법'이라도 발동하게 되면 단박에 그 포교의 대상이 될 것이다. 교회 안은 경박하기 이를 데 없는 회심으로 넘친다. 세상에! 영원이 달린 구원의 문제가 무슨 고속도로 휴게소에서 라면 한 그릇 사먹는 것보다 쉽다니······.

회심과 관련해 나는 오랫동안 일종의 열등감을 갖고 살았던 것 같다. 어린 시절부터 교회에서 많은 간증을 들었고 또 책을 통해서도 구원받은 사람들의 많은 이야기를 접했다. 그 중에서도 평생 교회 근처도 가본 적 없는 사람이 어느 날 하나님의 은혜로 180도 변한 극적인 '회심'의 간증들, 그런 회심 이후 단 한순간도 뒤를 돌아보거나 의심 없이 하나님의 일에 삶을 던지는 사람들의 이야기는 나에게 한마디로 부러움의 대상이었다. 특히 연예인들 말이다. 좋은 시절 재미있게 잘 놀다가 하나님께 돌아와서 또 인생의 한 시절을 하나님을 위해 '화끈하게' 헌신하는 그들이 어린 내 눈에 왜 그렇게도 멋있고 부러웠던지……. 동시에 이런 생각을 수도 없이 했다.

'왜 나는 저 사람처럼 저렇게 믿지 못할까? 나도 차라리 목사 집안이 아니라 배우나 가수 집안에 태어났으면 저 사람처럼 되었을 텐데.'

나는 신앙과 관련해 바울에게도 일종의 열등감을 느꼈다. 무엇보다도 '주 예수 그리스도를 아는 지식 때문에 다른 모든 것을 다 배설물로 여긴다'는 그의 고백 때문이다. 그가 그런 고백만 안 했어도 나는 어린 시절 내내 바울을 그렇게 부러움 반, 질투 반의 눈길로 보지는 않았을 것이다. 백 번 양보해서 성경을 쓴 바울은 정말 특별한 사람이라고 치고 그를 빼더라도, 내가 부러워할 사람들은 주변에 너무도 많았다.

그중에서도 나는 내 인생에 찰스 스펄전 목사가 겪었던 것과 같은 회심이 없다는 사실을 얼마나 안타까워했는지 모른다.

눈이 많이 오던 주일 아침 눈보라를 보내주신 하나님의 자비하심이 없다면 나는 아직도 어둠과 절망 속에서 머물렀을 것이라 생각합니다. 나는 아주 작은 감리교회의 예배당에 왔습니다. 그곳에는 열너덧 명 정도가 앉아 있었고 그들은 아주 큰 소리로 찬양을 하고 있었고 그 소리가 너무 커서 머리가 아플 지경이었습니다. 목사님은 그날 눈이 많이 와서 길이 막혀서인지 예배 시간에 오시지 못했습니다. 결국은 매우 말라 보이는 한 남자- 아마 구두쟁이거나 재단사, 또는 그런 류의 직업을 가진 이로 보이는-가 설교를 하려고 단위에 섰습니다. 다른 설교자들처럼 교육을 잘 받은 사람처럼 보이지 않았습니다. 그는 이사야 45장 22절 말씀을 읽었습니다.

"땅의 모든 끝이여 내게로 돌이켜 구원을 받으라 나는 하나님이라 다른 이가 없느니라."

그는 예수 그리스도를 바라보기 위해서는 어떤 노력도 필요하지 않음을 이야기하였습니다. 또 대학을 갈 필요도 없다고 하였습니다. 예수 그리스도를 누구나 바라볼 수 있음을 이야기 하였습니다. 그가 10분 정도 설교를 하자 그의 능력의 한계에 다다른 것 같더니 발코니 아래 앉아 있던 나를 쳐다보았습니다. 아마도 내가 외부인인 것을 알았던 것 같습니다. 그는 나에게 시선을 고정한 채 마치 내 마음을 다 알고 있다는 듯이 "젊은이, 당신은 비참해 보이는군요"라고 말했습니다. 사실 나는 그랬지만 강단에서 나의 개인적인 외모를 말하는 것은 처음이라 불편했습니다. 어쨌든 그 말은 제대로 명중했습니다. 그는 손을 높이 들어 "젊은이, 예수 그리스도를 바라보시오! 바라보시오! 바라보시오! 당신은 예수 그리스도를 바라보면서 사는 길 외에 다른 길이 없습니다!"라고 외쳤습니다. 그때 나는 '구원의 길'을 보았습니다. 더 이상 바라볼 수 없는 지경이 될 때까지 바라보았습니다. 그러자 내 영혼을 묶었던 쇠사슬이 산산조각이 나는 것을 보았습니다. 나는 내가 해방된 자유인이자 천국의 상속자이며 그리스도 예수의 영접을 받은 자라는 것을 깨닫게 되었습니다. 나는 어둠에서 놀라운 빛으로, 죽음에서 생명으로 건너갔습니다. 단순히 예수님을 바라보는 것으로만 절망에서 건짐을 받은 것입니다.

※ 출처 : http://www.samil.org/zbxe/nanum09/9250

    나는 중학교 때 스펄전 전기를 읽고 마음이 한없이 뜨거워졌지만 동시에 얼마나 그가 부러웠는지 모른다. 그날의 회심 이후 스펄전은 어떤 사람이 되었는가? 그가 얼마나 하나님의 손에 잡혀 놀랍게 사용되었는가? 그런데 왜 나는 스펄전이 받은 은혜들보다 더 뜨거우면 뜨거웠지 결코 덜 뜨겁지 않을 하나님의 은혜를 수없이 받았는데도 왜 날마다 이 모양 이 꼴인가? 나는 스펄전과 비교해 나 자신에 대한 실망감과 울분을 참을 수 없었다. 그렇다면 나는 제대로 회심한 것이 아니었다는 말인가? 한동안 이런 생각에 고통스러워했던 적도 있었다. 당시 무엇보다 '진짜 회심'은 스펄전의 경우처럼 사람을 완전히 바꾸기 때문에 그 이후 조금의 회의나 의심도 있어서는 안 되고 세상을 향한 욕망도 없어야 한다는 완벽주의적 사고에 젖었기 때문이다. 그런 생각은 상당히 오래 지속되었고 결국 그 생각은 기독교에 대한 반발 내지 극도의 허무로 이어졌다. 결국 어떻게 보면 '진짜 회심'에 대한 열등감이 빚어낸 결과라고도 할 수 있다.

지금 생각해도 궁금하다.

도대체 나는 언제 회심한 것일까?

솔직히 말해 도통 알 수가 없다.

내가 정말 온 마음을 다해 하나님을 갈구하던 청소년 시절이었는지, 아니면 그보다 더 어릴 때 마음속에 아무런 의심의 티끌 하나 없이 주일학교에서 찬양하던 그때인지, 아니면 로이드 존스 목사의 책을 읽은 후 하루하루 하나님을 아는 지식에 목말라 있던 그때인지……. 한 가지 확실한 것은 내게 회심은 어느 순간 섬광처럼 다가온 것은 결코 아니라는 사실이다. 데이비드 웰스는 그의 저서 『하나님께로 돌아오라』 *Turning* *to God*에서 회심을 이렇게 설명했다.

"회심, 하나님을 향해 우리가 돌아서는 것은 하나의 복잡한 과정으로 이해하는 것이 더 정확한 이해다. 이 과정은 생각, 회의 그리고 그 회의 극복, 내적 갈등, 내면적 채찍질, 죄의식과 수치심과의 갈등 그리고 과연 예수를 따른다는 것이 무엇을 의미하는지에 대한 현실적인 고민 등을 포함한다. 이런 것들이 누적될 때 사람에 따라서 어떤 극적인 순간에 회심의 순간으로 터짐으로 '내가 예수를 믿은 바로 그 순간'이라고 고백하는 경우도 있지만 또한 이런 모든 과정이 쌓여도 그런 극적인 순간이 없는 경우도 많다."

데이비드 웰스는 또한 같은 책에서 흔히 극적으로 알려진 바울의 회심에 대해 새로운 시각을 소개한다. 우리가 회심을 이해하는 데 도움이 된다고 생각한다.

"바울은 다메섹 도상으로 가던 중 겪은 사건, 오로지 그 한 사건 때문에 회심한 것이 아니다. 바울은 이미 그 전에 구약에 대한 깊은 지식을 갖고 있었고, 정통 유대교 교육을 받았으며, 진리에 대한 갈망을 가지고 있었다. 그에게 이런 토대들이 있었기에 복음이 복음으로서 가치를 가질 수 있었던 것이다. 바울은 원래부터 유일신을 믿고 있었고, 성경의 계시를 믿었으며 또한 죄의 심각성과 속죄함의 필요성, 하나님의 심판, 그리고 어떤 의미에서 그는 이미 메시아를 기다리던 사람이었다. 바울이 가지고 있었던 이런 신앙적 기초야말로 복음이 뿌려지기 위한 중요한 토대가 되었다. 이 점은 어린이들이 어떻게 복음 앞에 노출되어야 하는가 하는 점에서 중요한 시사점을 던진다. 어린이들이 꼭 바울과 동일한 믿음을 가지고 복음을 들어야 한다는 말이 아니다. 하지만 어린이들에게 복음이 제대로 들어가기 위해선 나름의 필요한 준비가 필요하다. 그들은 이 구원의 믿음에 점진적으로 나아가야 한다. 다른 말로 하면 그들이 가지는 예수 그리스도에 대한 지식이 늘어감에 따라 아이들은 자신들의 죄인 됨을 더 명확하게 깨달을 수 있다. 아이들에 대한 신앙 교육은 결코 이들을 순간적으로 회심시키겠다는 유혹에서 벗어나 이런 신학적 기초를 쌓는 것이 무엇보다 중요하다. 아이들은 흔히 부모님이나 선생님들을 기쁘게 하기 위해 쉽게 믿는다고 고백하곤 한다. 그렇기에 어른들은 여러 수단을 통해 어린이들로 하여금 훨씬 더 쉽게 회심했다는 결심을 유도할 수 있다. 그러나 아무리 좋은 의도가 있었다고 해도 이것은 바른 방법이 아니다. 왜냐하면 이렇게 인위적으로 조성된 회심의 결과는 나중에 더 쓰디쓴 불신앙과 반발이 되어 역효과로 돌아올 수도 있기 때문이다."

그렇다. 바울의 회심은 어떻게 보면 그의 전 생애를 통해 누적되었던 진리 탐구 끝에 다가온 결과였다. 그렇기에 그는 그날 이후 십자가를 통한 예수 그리스도의 구원이 주는 '능력'을 누구보다 잘 알고 전할 수 있었다. 그에게 복음은 항상 능력이지 부끄러움이 아니었다. 또한 웰스의 말대로 이 사실은 우리가 지금 주일학교, 청소년들에게 복음을 전할 때 어떤 자세로 나아가야 하는지에 대해서도 중요한 가르침을 준다. 바울이 복음을 접했던 것처럼 우리의 아이들과 청소년들이 복음을 접할 수 있도록 말이다.

내가 한때 나 자신과 비교하며 열등감을 느꼈던 스펄전 목사 역시 그의 회심은 한 번의 설교가 이뤄낸 순간의 결과가 결코 아니었다. 그가 고개를 들어 예수 그리스도의 십자가를 바라보기 전까지 하나님께서는 말씀을 통해 그에게 회심에 필요한 말씀의 토양을 이미 풍성하게 준비해놓으셨던 것이다. 이 점은 그의 전기에 잘 표현되어 있다. 나는 당시 어려서 그런 점을 전혀 보지 못했다. 하나님의 거룩하심 앞에서 자신의 죄인 됨을 바라보면 괴로워했던 젊은 스펄전의 회심은 바울과 마찬가지로 오랜 시간을 두고 말씀을 통해 준비되고 있었던 구원 사역의 하이라이트다.

바울이나 스펄전과는 또 다른 아름다운 회심의 이야기를 나는 몇 년 전 출장지에서 만난 한 사람에게서 직접 들을 수 있었다.

"저는 원래 기독교의 '기'자도 모르는 사람이었어요. 제가 미국에 오기 전에 처음 유학 간 곳이 캐나다였는데 그곳에서 참으로 힘들었습니다. 태어나서 처음으로 혼자가 되어 외국어를 하면서 살아야 한다는 게 그렇게 힘들 수가 없었어요. 그곳 사람들에게는 교회 다니는 것이 너무 일상이라서 저도 그냥 외로워서 교회를 다니기 시작했어요. 그리고 기왕 다니는 거 이게 무슨 종교인지 제대로 알아보고 싶어서 혼자 성경을 읽기 시작했어요. 창세기부터 요한계시록까지 몇 번을 그냥 계속 읽었지요. 그런데 어느 날 신약의 복음서를 읽는데 갑자기 예수님의 생애에서 구약의 예언들이 하나씩 성취되는 것이 제 눈에 보이는 게 아니겠어요? 구약의 이곳저곳에서 때로는 은유적으로 때로는 명확하게 예언했던 메시아가 신약의 예수님의 모습에서 성취되는 것을 보고 저는 저도 모르게 무릎을 꿇고 예수님을 저의 구주로 고백할 수밖에 없었어요. 저에게는 그때가 실로 감격적이고 잊지 못할 순간입니다."

이 사람이 복음서의 예수님에게서 구약이 예언한 메시아의 모습을 보는 데까지 걸린 시간은 2년이 조금 안 되는 시간이었다. 그동안 그는 시간이 날 때마다 말씀을 읽었고 말씀이 스스로 입증하는 복음의 능력에 결국 사로잡혔던 것이다. 내가 그날 그 친구의 이야기를 들으면서 들었던 생각은 바로 이것이다.

'이런 믿음을 세상에 그 누가 흔들 수 있을까?'

물론 하나님이 주권적으로 역사하시는 회심의 기적은 어떤 정해진 패턴을 따르지 않는다. 하지만 그럼에도 우리는 지금 주변에서 발생하는 한 가지 현상에 대해서만큼은 분명히 볼 수 있어야 한다. 오늘날 회심은, 좀 더 정확하게 이야기해서 이른바 '콜링 calling'은 음악이 없으면 상상도 할 수 없는 것이 현실이다. 음악이 없으면 일어나지 않을 사람이 음악이 만들어주는 분위기에 휩쓸려 자리에서 일어나는 것이 오늘날 콜링에 응답하는 사람들, 회심하는 사람들의 모습이다. 이게 과연 성령의 역사일까? 아니면 음악이 만들어내는 심리적 작용일까? 콜링만이 아니다. 요즘 들어서는 신유 집회에도 발라드가 점점 중요해지고 있다. 발라드 풍의 찬양이 없으면 회심도 못하지만 병 고치기도 힘들어지는 것이 오늘의 현실이다.

옛날의 그 유명한 현신애 권사는 발라드 찬양 없이도 병을 고쳤다고 하는데 요즘 유명한 신유 집회를 인도하는 이들은 찬양팀이 주도하는 발라드가 없으면 병 고치는 것도 매우 힘겨워하는 것 같다. 분명 현실은 냉혹하다. 찬양이 만들어낸 분위기 속의 나았다고 생각하는 '허리 통증'과 '두통'은 곧 다시 찾아온다. 찬양이 만들어낸 분위기 속에서 받았다고 생각하는 '구원'은 곧 다시 사라진다.

오늘날 이른바 전도 집회에서 콜링에 의해 회심한 사람의 10퍼센트 남짓만이 교회에 남는다는 통계는 우리에게 도대체 무엇을 말해주는가? 말씀에 뿌리박은 신앙이 아니라 나의 느낌에 근거를 둔 신앙은 항상 과거의 나처럼 누군가를 바라보며 열등감 내지 부러움에 빠진 채 교회를 다니는 수준에 머무를 가능성이 아주 높다. 우리에게 지금 필요한 것은 이런 불필요한 열등감을 말씀을 향한 열정으로 바꾸는 것이다.

PART 2

'갑각'한 목회자

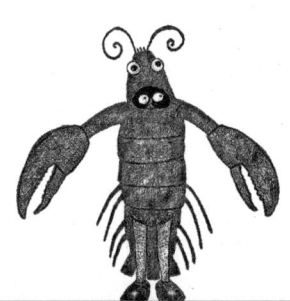

10. 셀프 소명자
11. 갑갑한 갑각 설교의 한 사례
12. 여보, 오늘 하나님이 밥 대신 짜장면을 먹으라 하시네요!
13. 송광사의 예불과 트리에스테 커피의 공통점은?
14. 말발의 설교, 성령의 설교
15. 신유 은사? 교회에서 자꾸 작두 탈래?
16. 설교자냐, 교회 CEO냐?
17. 침묵의 카르텔, 닥치고 아멘!
18. 아! 우리에게는 목사가 너무 많다
19. 초록물고기 혹은 조롱물고기

10.
셀프 소명자

이 세상에는
성도들에게 자신의
피와 살을 제공하는 목사와
성도들을 양고기로 구워 먹는
목사가 있다.

목사가 진정 좁은 길인데도 목사 아버지가 아들에게 목사를 시키고 싶어 할까? '좁은 길'이라는 단어를 생각할 때 내 머리에 가장 먼저 떠오르는 사람들은 일제 시대 독립투사들이다. 과연 그들은 자신의 아들이 대를 이어 독립운동가로 살기를 바랐을까? 아마도 아니었을 것이다. 그 길은 '진짜'로 좁은 길이었으니까. 목사가 '영광의 길'이 아니라 진정 '좁은 길'이 될 때 목사도 살고 교회도 살 것이다.

만약 한국 유학생이 없다면 미국의 많은 신학교가 경제적으로 심각한 타격을 받으리라는 이야기는 이제 그다지 새삼스럽지 않다. 그만큼 미국에 유학 가는 한국 신학생들이 많다는 소리다.

미국 시카고 외곽에 트리니티 신학대학원 Trinity Evangelical Divinity School 이라는 유명한 신학교가 있다. 나는 지난 10여 년간 시카고에서 살다 보니 자연스럽게 그 학교를 다니는 많은 목사를 이런저런 연고로 만나게 되었다. 그런데 그들을 만나는 중에 한 가지 특이한 점을 알게 되었다. 유학 온 목사들 70퍼센트 정도가 목사의 아들(일부는 사위)이라는 사실이었다. 정말로 많다. 목사가 된 목사의 아들들 말이다(편의상 그들을 '목목사'로 칭한다).

 20년도 더 지난 아주 오래된 이야기다. 내가 군대 있을 때 군대 선임이 베뢰아아카데미와 귀신 쫓는 것으로 유명한 성락교회 교역자였다. 이등병 시절, 나는 그분의 결혼식 때문에 성락교회를 갔다. 그때 김기동 목사가 주례를 맡았다. 그날 본 그 교회의 주보는 지금도 생생하게 기억이 난다. 주보 광고란에 특이하게 사진이 실렸다. 김기동 목사와 그 아들 그리고 막 태어난 김 목사의 손자, 이렇게 세 명의 사진이었다. 그 사진 밑에는 김 목사의 기도문 형식으로 이렇게 인쇄되어 있었다(나는 이 이야기를 『아버지 옥한흠』에서 이미 언급했다. 그만큼 내게는 큰 인상을 남긴 일화다).

 '3대가 다 목사 되는 축복을 허락하소서.'

 아마 김 목사의 아들은 그때 이미 목사였나 보다. 그런데 지금 생각하니 좀 궁금하다. 그때 태어난 그 아기가 지금은 이미 스무 살이 훌쩍 넘었을 텐데……. 지금쯤이면 성락교회에서 전도사를 하고 있지는 않을까? 그때 그 주보를 보면서 아마 나는 피식 웃었던 같다. 그리고 분명 이렇게 생각했던 같다.

 '목사가 뭐 좋다고 이 난리야?'

나는 함께 산 목사가 아버지 한 명밖에 없어서 모든 목사가 다 내 아버지와 같은 줄 알았다. 내 아버지는 좀 속된 말로 '도시락 싸고 다니면서' 우리 삼형제 목사 못 되게 하려고 애를 쓰신 분이었으니까. 나중에 당신이 그러셨다.

"내가 너희를 어릴 때부터 관찰한 결과 너희 중 목사를 할 사람은 없다는 결론을 내렸다. 그래서 행여나 이 아빠가 하는 게 좋아 보여서 소명이 아닌 '겉멋'에 들려(내 아버지는 이 '겉멋'이라는 말을 가끔 쓰시곤 했는데 아버지가 아주 경멸의 뜻으로 쓰는 몇 개의 단어들 중 하나다) 목사를 할까 봐 너희 어릴 때는 내가 의도적으로 말렸다."

그런데 나중에 커서 웃으며 말하곤 했지만 내 아버지는 자식을 관찰할 시간조차 없으셨던 양반이다. 스스로 자식들을 관찰했다고 생각하시는 것 자체가 심각한 착각이었다. 아무튼 나는 어릴 때 목사들이 다 아버지 같은 줄 알았다. 그러나 얼마 지나지 않아 오히려 우리 아버지가 '별종'에 속하는 사람이라는 사실을 알게 되었다. 물론 다 그런 건 아니겠지만, 상당수의 목사들은 자기 자식이 아들인 경우 '어떻게든' 목사를 시키고 싶어 하는 게 현실임을 보게 된 것이다. 나도 부모이다 보니까 이 점을 생각하게 된다. 목사, 신부, 승려를 떠나 '부모가 자식에게 자기 직업을 물려주고 싶어 할 때는 도대체 어떤 경우일까?' 하고 나 스스로에게 물어본다. 아마도 가장 가능성이 높은 경우는 다음이 아닐까?

'내가 지금 하고 있는 직업에 대단한 자부심을 갖고 있을 때……..'

이 자부심의 근거에는 여러 가지가 있겠지만, 무엇보다도 사회적 인정과 경제적 안정이 따라오는 직업인 경우 아버지가 자식도 자신의 발자취를 따라 와주길 바랄 것 같다. 뻔한 이야기지만 한국으로 치면 판검사, 의사, 교수 그리고 성공한 사업가 등이 이런 부류에 해당될 것이다. 결국 이런 논리를 적용한다면 우리 주변의 많은 목사는 자신의 직업에 상당한 자부심을 갖고 있다고 말할 수 있다. 그 직업을 자식들이 이어주기를 바랄 정도로까지 말이다. 그런데 목사의 경우 이 단순한 '자부심'에 한 가지 더 중요한 요소까지 더해지는 것 같다.

'목사를 하나의 직업으로 보기보다는 하나님이 주신 '특별한 신분'으로 인식한다는 사실이다.'

그렇기 때문에 자식이 이 특별한 신분을 대를 이어 유지해줬으면 하는 바람은 더 커지면 커지지 작아지지 않을지도 모르겠다. 게다가 현실적으로 볼 때 어느 정도 교회가 '안정'되기만 하면 목사라는 직업은 상당히 매력이 있다. 이런 점도 자식에게 목사가 되기를 권장하는 데 중요한 요소가 됨을 부인하기 어렵다. 이 부분에 대해서는 더 이상 자세히 이야기하지 않는 게 낫겠다.

지금까지 전개된 내용을 보면 목사 아들이 목사가 많이 되는 가장 큰 이유가 순전히 아버지의 강력한 권고에 의해서인 것으로 보일지도 모른다. 하지만 내가 볼 때 현실은 그 반대다. 무슨 말인가 하면, 굳이 아버지가 아들에게 "목사 되라"고 권하지 않아도 대개 아들들이 알아서 목사의 길을 선택하는 경우가 훨씬 더 많으니까. 한마디로 '시너지 효과'의 폭발이다. 나는 사실 이 부분이 더 흥미롭고 재미있다. 나는 목사가 아니다. 그러므로 나에게 목사가 자기 아들을 목사 시키고 싶어 하는 생각은 일단 한 다리 건너서 이야기다. 하지만 나 자신이 목사 아들이기 때문에 목사 아들이 목사 되고 싶어 하는 심리는 더 직접적으로 내게 관심의 대상이 된다.

대형 교회의 목사 아들이 목사 되고 싶어 하는 심리는 간단하다. 뭐, 연구하고 고민하고 할 가치도 없다. 어릴 때부터 바라본 아버지의 영광을 이어받아 자신도 평생 그렇게 대접받고 살고 싶은 욕망, 바로 그것이다. 아버지가 평생을 바쳐 일구

어놓은 교회를 남에게 넘긴다니…….

상상할 수도 없다.

물론 그런 경우가 있지만 그게 말처럼 쉽지만은 않았을 것이다. 어쩌면 유명한 목사의 자식은 마치 정주영 회장의 아들들이 아버지라기보다는 '회장님 정주영'의 마음에 들기 위해 노력했을 그런 비슷한 자세로 평소 아버지를 '목사님'으로 바라보고 섬기지 않았을까 하는 조심스런 추측도 해본다. 하지만 이런 경우는 아주 드물다. 내가 아는 대부분의 목목사는 유명하지 않은 '보통' 교회들을 섬기는 아버지를 두고 있으니까. 그럼 평범한 목사를 아버지로 둔 대부분의 목사 아들들이 굳이 목사가 되는 이유는 무엇일까?

'가장 큰 이유는 환경 때문이다.'

좀 더 정확히 이야기하면 어릴 때부터 주변에서 듣고 자란 이야기들이 상당 부분 미래의 진로와 관련해 정신적 세계를 일찌감치 구축해주기 때문이다. 많은 목목사는 이미 어린 시절부터 아예 자신의 길은 '목사다'라고 결정한 사람들이 의외로 많다. 나는 그 심정을 충분히 이해할 수 있다. 나는 자라면서 "성호는 목사가 되어야지" 하는 말을 도대체 몇 명에게서 몇 번이나 들었는지 모른다. 어떤 이들은 이렇게까지 이야기한다.

"옥 목사님의 아들이 셋이나 되는데 한 명은 되어야지……. 어떤 집은 아들들이 다 목사 되는 복을 받는데. 셋 중에 아무도 목사를 안 하면 하나님께 부끄러워서 말이 되냐?"

그런데 문제는 '노년기'에 접어드는 지금까지도 내게 이런 말을 하는 사람들이 많다는 점이다. 어떤 이들은 이렇게까지 말할 정도다.

"당신은 목사가 되도록 되어 있어. 난 너무도 확실히 알고 있어."

"내가 아는 어떤 분이 기도를 했는데 옥 집사가 조만간 목사가 될 거라고 하나님이 말씀하셨대. 중요한 건 당신의 순종하는 마음이야."

세상에! '예언의 은사'가 따로 없다. 아니, 하나님이 어차피 '직통'으로 말씀하실 거면 나한테 하면 되지 왜 남들한테만, 그것도 내가 모르는 사람들한테까지 나의 미래에 대해서 그렇게 명확하게 알려주시는지 잘 납득이 안 간다. 그런데 중요한 것은 이런 이야기를 많이 들으면 어느 순간부터 마음속에 하나의 중요한 변화가 생긴다는 사실이다.

'어떤 운명 비슷한, 그런 강한 느낌을 갖게 된다.'

특히 어릴 때 주변 어른들이 머리를 쓰다듬으면서 "아이고, 우리 길동이는 커서 아버지처럼 하나님이 크게 쓰시는 훌륭한 종이 되어야지" 하는 이야기를 많이 들으면 그 아이는 웬만해선 다른 길을 아예 생각도 못 하는 사람이 된다. 나는 어른이 되어서도 이런 이야기를 들으며 '아니, 이게 진짜인가? 정말로 내 인생은 그렇게 정해진 거야?' 하는 생각이 들곤 했는데 아이들이야 오죽할까? 게다가 앞에서 언급한 김기동 목사의 일화에서처럼 아버지도 모자라서 할아버지까지 나선다면, 그 애가 딴 길을 선택할 여지는 처음부터 없다고 보는 게 맞을 것이다. 그리고 그 과정에서 빠져서는 안 되는 한 가지 필수 과정이 있다. 청소년 시절 수련회나 무슨 특별 집회를 통해서 눈물 콧물 다 쏟으며 소위 '헌신'을 한두 번은 해야 한다. 아니면 무슨 '체험'을 확실하게 한 번 하든가······. 그렇게 되면 어릴 때 머리를 쓰다듬으며 장래를 예언하신 교회 집사님의 말은 거의 틀림없는 인생의 청사진이 된다. 물론 그런 와중에도 한두 번의 곁길 가기를 시도할 수는 있다. 하지만 십중팔구 일이 생각대로 안 풀리면 이렇게 생각한다.

'아! 역시나 하나님이 막으시는구나!'

그런데 이 세상에 처음부터 다 팍팍 잘 풀리는 일은 없다. 다들 그런 과정을 겪으면서 개척해 나아간다. 그 길이 무엇이라고 하더라도 예외 없이 말이다. 그게 인생의 룰이니까.

여하튼 그러다가 조금씩 나이를 먹고 세상이 생각한 것만큼 만만하지 않다는 것을 알게 될 즈음, 어느 순간부터 목사라는 직업이 그 자체로도 상당히 매력적으로 비치게 된다. 특히 대략 1,000명에서 2,000명 모이는 시골에 위치한 교회를 목회하는 아버지를 가진 목목사들은 이런 면에서 더 위험하다. 착한 시골 사람들에게 큰 규모의 교회 목사님은 거의 동네 유지와 다를 바 없는 존재이기 때문이다. 그 눈에 아버지의 직업이 얼마나 매력적으로 보이겠는가? 무엇보다 교회가 크든 작든 상관없이 아버지가 일궈놓은 터전이 있다는 것은 엄청난 플러스다. 오죽하면 총신대학교에는 이런 우스갯소리가 있다고까지 하지 않는가? 목사 아들은 신라시대로 쳐서 성골 출신이고 장로 아들은 진골 출신으로 불린다고(성골과 진골은 바뀔 수 있다. 내 기억력이 정확하지 않으므로)……. 그럼 총신대학교 다니는 사찰 집사님 아들은 무슨 '바보 온달'인가?

그래서 그런지 미국에 유학 오는 목목사들의 경우 아버지의 교회에서 이런저런 후원을 받는 사람이 많다. 다 목목사이기 때문에 가능한 현실적 혜택이다. 그리고 나아가서 나중에 자리를 잡는 데에도 아버지의 크고 작은 인맥은 힘을 발휘한다. 물론 하나님의 특별한 소명을 받은 목목사들이 있다는 점을 완전히 부인하는 것은 아니다. 다만, 너무 '과도'하게 많으니까 균형을 잃은 것, 그것이 문제다. 정말이지 목목사들이 너무 많다. 만약 지금의 목목사들이 다 하나님의 소명을 받았다면 왜 목사 아들들에게만 하나님이 특별히 더 많은 소명을 주실까? 말이 안 되지 않는가?

우리는 나의 환경을 부르심으로 착각해선 안 된다. 어릴 때부터 들었던 주변의 소리가 내 속에 만든 강박관념을 부르심으로 착각해도 안 된다. 목사 아들이 무슨 레위족속도 아니고 말이다. 내가 목사 집에 태어난 것은 하나님의 부르심과 관계가 있을 수도 있지만, 집사의 집에 태어난 것과 마찬가지의 확률로 그 부르심과 전혀 관계없을 경우가 훨씬 더 많다.

목목사들은 환경이 주는 좋은 장점들을 가지고 있다. 하지만 내가 볼 때 목사가 된 집사의 아들보다 목목사들은 그에 못지않은 단점들을 갖고 있다. 너무 힘들게 목회를 한 아버지를 보며 자란 목목사의 경우 마음속에 남모를 한이 쌓였을 수도 있다. 그런 경우 그가 나중에 담임목사가 되었을 때 여러 가지 부작용들이 드러난다. 당회와 필요 이상의 마찰을 일으킬 수도 있고 목회에 성공 못한 아버지의 한을 풀려는 듯 필요 이상의 과욕을 부리는 경우도 많다. 아버지 교회의 규모와 관계없이 목목사들이 가질 수 있는 단점들 중 피부에 닿는 것 한 가지만 지적하면 이런 속성도 있다.

'많은 목목사가 밥을 먹어도 돈을 낼 줄 모른다.'

어릴 때부터 아버지가 돈 내는 걸 본 적이 없으니까 어쩌면 그것이 당연할지도 모른다. 확실히 상당수의 목목사는 어릴 때부터 '대접받는' 데 너무 익숙해져 있는 경우가 많다. 그러니 나이가 많고 적음을 떠나서 얻어먹는 일을 당연하게 여기는 사람들이 될 가능성이 높다.

몇 년 전 시카고에 막 도착한 목사 형이 내게 물었다.

"어떻게 해야 시카고에서 목회를 잘할까?"

"형이 사람들에게 얻어먹지 말고 밥값을 내기만 해도 아마 이 시카고 바닥에 엄청난 센세이션을 일어날 거야. 돈 내는 목사가 나왔다고."

성공한 목사를 아버지로 가진 목목사는 훨씬 더 치명적인 단점을 하나 가지고 있다. 과연 그 목목사가 바닥에서부터 교회를 시작할 수 있을까? 그가 단 한 명의 성도를 앞에 앉혀놓고 개척 교회를 할 수 있을까? 아무리 적어도 5,000명 정도에 번듯한 건물은 되어야 목회를 시작할 수 있지 않을까?

다시 성락교회 이야기로 돌아가 보자.

'3대가 다 목사 되는 축복을 허락하소서.'

과연 목사가 되는 것이 축복인가? 나는 주변에 목사인 아버지의 강요에 의해 목목사가 되어 자기만이 아니라 가족까지 고생시키는 목회자 여러 명을 알고 있다. 도대체 무엇이 축복인가? 천국에 가면 뭐 목사들에게는 특별한 상급이 있기라도 한 것인가? 물론 축복에 대한 다양한 관점이 있을 수 있겠지만……. 그러나 이것저것을 떠나 목사의 길이 십자가의 길이 아니라 영광의 길, 출세의 길로 인식되는 한 교회의 미래는 참으로 암담할 뿐이다. 많은 사람이 동의하다시피 한국 교회가 가진 대개의 문제는 필요 이상으로 많은 목사가 원인이다. 그리고 목사를 여전히 '특별한 존재'로 생각하는 한국 교회 대다수의 성도는 나날이 더 목사가 많아지기만 하는 오늘의 현실에 여전히 큰 몫을 하고 있다.

도대체 어떻게 해야 할까? 나는 다시 한 번 강조한다.

'무엇보다 목사에 대한 인식이 바뀌어서 목사는 하기 힘든 일이라는 생각이 퍼져야 한다.'

정말로 목사의 길은 여간해서는 꿈도 못 꿀 십자가의 길이고 가시밭길이라는 인식에 일반화되어야 한다. 여기서 한 걸음 더 나아가서 신학교를 가려면 공부를 잘해야 되는 현실이 빨리 앞당겨졌으면 좋겠다. 상식이지만, 종교인이 많은 사회는 그만큼 후진 사회다. 더 나아가, 목목사가 많은 사회는 더 후진 사회다. 목사의 길을 걷는 아버지의 삶이 십자가가 아닌 '출세의 삶'으로 보인다면, 그 속에는 정말로 희망이 없다. 나는 목목사의 머릿수만 줄어도 앞으로 우리 교회의 상황이 많이 좋아지리라 생각한다. 물론 여기서 한 걸음 더 나아가야 하는 것이 있는데, 바로 이것이다.

'전직 목사가 일반화되어야 한다.'

한때 목사의 길이 맞는 줄 알았다가 틀렸기에 다시 새로운 일을 시작하는 것을 이상하게 보는 시선 자체가 사라져야 한다. 그리고 이런 변화는 목사가 너무 많은 지금의 현실을 타개하는 하나의 대안이라고 본다.

종류를 불문하고 가치 있는 것은 언제나 희귀하다. 이 세상에 차고 넘치면서 동시에 가치 있는 것은 없다. 하나님의 말씀을 선포하는 '목사'로 이끄시는 하나님의 부르심이 오늘날 왜 이렇게 가치 없게 느껴지는가? 그 부르심을 받았다는 사람들이 너무 많기 때문이다. 그중 상당수는 하나님과 아무 상관 없이 자기가 자기 스스로를 부른 사람들이다.

11.
갑갑한
갑각 설교의 한 사례

설교자가
맥도날드 직원이 된다면
그의 설교는
맥도날드 햄버거,
정크푸드가 되리라.

햄버거 속의 고기는 정작 썩었는데 그 썩은 고기를 감추려 양배추, 피클, 토마토 같은 것으로 마구 섞어 겉으로 보기에만 맛깔스러운 햄버거를 먹은 적이 있는가? 말씀은 정작 사라지고 각종 화려한 노래들과 공연으로 난리치는 예배가 바로 그런 햄버거다.

2008년이 끝나갈 무렵, 교회 중고등부 아이들과 시카고 북쪽에 있는 위스콘신의 한 시골로 캠핑을 갔다. 영하 20도가 훨씬 넘는 혹독한 추위에 엄청난 눈까지 쏟아지고 있었지만 꽁꽁 얼어붙은 호수를 끼고 있는 캠프장 안에서 아이들은 마냥 즐겁기만 했다. 미국에서 꽤 많은 시골을 가보았지만 그 동네도 지금까지 내가 만났던 여느 시골 못지않은 '시골'이었다. 고작 건물 몇 개가 붙어 있는 다운타운(아무리 작은 동네라고 해도 미국은 마을의 중심을 '다운타운'이라고 부른다)을 지나 한 15분 더 안쪽에 위치한 캠핑장은 말 그대로 야생의 상태라고 불러도 좋을 천혜의 자연환경을 고스란히 지니고 있었다.

밖에서 내리는 눈 소리조차 들릴 만큼 고요한 밤이 지나고 새벽이 되었다. 낯선 잠자리라서 그런지 새벽 3시가 안 되어 눈을 뜬 나는 몇 번을 뒤척이다가 새벽잠을 포기하고 밖으로 나왔다. 여전히 내리고 있는 함박눈 속에 차를 타고 캠핑장을 나섰다. 밖에 제대로 된 뭔가가 있을 리 만무했지만 그래도 다운타운 쪽으로 가면 새벽에 문을 연 식당 하나 정도는 있지 않을까 하는 기대를 갖고 말이다. 제설차가 감당을 못할 정도로 내리는 폭설과 엄청난 한파에 이미 모든 길들은 김연아가 스케이팅을 할 수 있을 정도의 빙판으로 바뀐 지 오래였다. 아주 천천히 차를 몰고 기억에 의존해 다운타운을 향했다. 시속 20킬로미터가 채 못 되는 속도로 차를 몬 지 얼마나 되었을까?

아! 저 멀리 맥도날드의 노란색 간판이 눈에 들어왔다. 참으로 그 간판이 아름답기까지 한 감격스런 순간이었다. 정말로 맥도날드는 미국인이 사는 곳이라면 그 어디에서나 만날 수 있는 진정한 미국의 기업, 미국의 생명을 유지하는 모세혈관과도 같은 기업이라는 생각이 들었다.

새벽 4시가 좀 지나 불이 환하게 켜진 맥도날드를 바라보며 주차장으로 들어섰다. 그런데 이게 웬일인가? 이제 막 새벽 4시가 지난 이 이른 시간임에도 맥도날드 주차장은 이미 차들로 꽉 차 있었다. 급히 빈 곳에 주차를 하고 매장에 들어가려고 했지만 매장 문은 굳게 닫혀 있었다. 아니, 이게 뭐지? 다시 봤더니 영업 개시는 새벽 5시부터였다. 비록 환한 매장 안에서 일하는 직원들의 모습이 밖에서도 보였지만 말이다. '그럼 주차장의 이 많은 차는 도대체 뭐지? 맥도날드가 밤에는 주차장을 무슨 공용주차장으로 쓴단 말인가? 다시 캠핑장으로 돌아갈까?' 하는 찰나의 생각을 버리고 차로 돌아와 시동을 켠 채 한 시간을 기다리기로 마음먹었다.

한 10분쯤 지났을까? 그제야 나는 알아차렸다. 주차장에 있는 모든 차가 나처럼 시동을 켠 채 있었다는 사실을 말이다. 결국 모든 차에는 맥도날드의 개장을 애타게 기다리는 사람들이 타고 있었던 것이다.

시계가 4시 50분을 지나자 이 차 저 차에서 사람들이 나오기 시작하더니 매장 앞에 줄을 서기 시작했다. 왠지 모를 조바심에 나도 차에서 나와 이미 쭉 늘어선 줄에 합류했다. 영하 20도가 넘는 한겨울에 맥도날드 야외 주차장에서 줄을 서 기다리는 날이 내 인생에 있으리라고는 상상한 적도 없었다. 그런데 그렇게 되어버리는 나 자신에게 놀랐다. 더욱이 나는 그 순간 또 한 번 놀랄 수밖에 없었다. 나와 함께 줄 서 있는 사람들은 하나같이 최소한 여든 살은 더 먹은 할머니, 할아버지 들이었다. 맙소사!

칼같이 새벽 5시에 문을 연 맥도날드 매장 안은 영업을 개시한 그 순간부터 이미 시장판이었다. 이곳저곳에서 웃으며 떠드는 할아버지, 할머니들은 지금이 대부분의 사람은 아직도 세상모르고 자고 있을 새벽이라는 사실을 잊게 할 정도였다.

혼자 앉아 신문을 보는 할아버지, 소설책을 손에 쥐고 우아하게 커피를 마시는 멋진 싱글 할머니, 이 구석 저 구석을 차지하고 앉아 다정하게 식사를 하는 노부부들, 불알친구라고 하기에는 너무도 늙었지만 함께만 있으면 언제라도 더 용감해지는 할아버지들…….

바로 어제 일어난 세상사뿐 아니라 수십 년 전에 발생했던 역사들이 이곳에서는 그들의 대화 속에서 새롭게 해석되어 생생하게 살아나고 있었다. 그 시간 그 역사적인 맥도날드 매장에 있었던 유일한 젊은이이자 비백인인 나는 결국 호기심을 참지 못하고 옆에 앉아 신문을 읽고 있던 할아버지에게 물었다.

"저…… 할아버지, 매일 새벽 여기에 오시나요?"

그렇다는 그의 대답에 나는 다시 물었다.

"그동안 얼마나 오래 이렇게 새벽마다 오신 거예요?"

세상에! 그 할아버지는 새벽마다 맥도날드에 앉아 신문을 읽은 세월이 무려 20년이 넘는다고 했다. 다니던 회사에서 은퇴한 날부터 하루도 거르지 않고 맥도날드를 찾는다는 것이었다. 이방인이 분명한 한 사람의 질문에 친절하게 대답해준 그 할아버지는 너무도 행복해 보였고 또 건강해 보였다.

나는 그때 깨달았다. 그 시간 맥도날드 매장을 채우고 있는 수십 명의 할아버지, 할머니가 그토록 건강할 수 있는 것은 그들이 매일 새벽마다 섭취하는 맥도날드 햄버거 때문이라는 사실을 말이다.

누가 햄버거를 정크푸드Junk Food라고 얕볼 수 있을까? 누가 감히 햄버거를 오래 먹으면 몸을 상한다는 말도 안 되는 주장을 하는가? 건강은 무슨 음식을 먹는가에 달려 있는 것이 아니다. 좋은 먹거리의 여부는 그 음식 자체에 있는 것이 아니라 그 음식을 먹는 사람의 상태에 달려 있다.

새벽마다 맥도날드 매장 안을 채우는 위스콘신의 그 노인들을 통해 '좋은 먹거리'에 관하여 우리가 배울 수 있는 것은 무엇인가? 나는 세 가지로 정리할 수 있다.

첫째, 좋은 먹거리는 그 음식 자체에 있는 것이 아니라 그 음식을 누구와 함께 먹는가에 달려 있다. 아무리 건강에 좋은 음식도 보기 싫은 사람과 마주 앉아 먹으면 독이 되는 법이다. 사랑하는 사람과 함께 먹는 햄버거와 원수 같은 사람과 함께 마시는 녹용 중 어떤 것이 몸에 이로울까? 사랑하는 마음에는 햄버거마저도 녹용으로 바꿀 수 있는 힘이 있다. 나는 이 점을 그날 새벽 웃고 떠들며 즐겁게 식사하는 많은 노인을 통해 분명히 확인할 수 있었다.

둘째, 비록 혼자 먹더라도 즐거운 마음으로 먹을 때 햄버거는 우리의 건강을 완벽하게 책임질 수 있다. 굳이 설명할 필요가 없을 것이다.

셋째, 규칙적인 시간에 정해진 음식을 꾸준히 먹는 것이 중요하다. 몸에 좋다고 알려진 비싼 음식을 불규칙하게 먹는 것보다 규칙적으로 정해진 시간에 햄버거를 먹는 것이 건강에 더 도움이 된다.

아마 이 글을 이렇게 '세 가지 정리'로 끝냈다면 많은 이가 어리둥절해할 것이다. '도대체 무슨 소리를 하는 거야?' 하면서 말이다.

자, 여기서 잠깐 내가 지금까지 쓴 내용 중에서 뒷부분은 빼고 맥도날드 매장의 이야기만 가지고 생각해보자. 이 이야기가 우리에게 전하는 메시지는 무엇일까? 아니, 그날 새벽의 그 독특한 맥도날드 매장 풍경이 우리에게 보여주는 것은 무엇일까? 정답이 있는 것은 아니지만 우리는 이 이야기를 통해 미국의 문화, 그것도 아직 나름의 보수성을 보여주는 미국 중서부에 사는 백인층의 일상을 엿볼 수 있다. 그들이 매일 새벽 나누는 대화들의 구체적인 내용까지 확인한다면 그 모습은 좀 더 또렷이 우리에게 다가올 것이다.

한 가지 확실한 것은 누군가가 나처럼 이 이야기를 통해 '맥도날드 햄버거의 영양적 가치'를 뽑아낸다면, 그 사람은 매우 개성이 있고 독특한 사고방식을 갖고 있지만 그다지 정상은 아닐 것이다. 혹은 아무래도 맥도날드에서 근무하는 사람일 것이다.

그렇지 않은가? 그런데 문제는 오늘날 이런 식의 설교가 너무도 많다. 그렇다. 이것이 내가 하고 싶은 이야기다.

'위의 맥도날드 매장의 이야기가 '성경 본문'이라면 내가 그 이야기에 붙인 '건강 비결'은 설교에 등장하는 일종의 적용이다.'

성경 본문이 말하고자 하는 내용과는 아무런 상관없는 이상한 전개 내용들과 적용들로 가득한 설교들 말이다. 성경 본문 속의 한 단어를 뽑아내어 전체 문맥과는 아무런 상관도 없이 내용을 전개하고 말도 안 되는 적용들을 갖다 붙이는 설교들이 얼마나 많은가? 그저 '독특'하고 '기발'하기만 하면 된다고 생각하고 내뱉는 설교들도 너무 많다.

왜 그런가? 여러 이유가 있겠지만 그중 하나는 설교자가 애초의 의도를 가지고 본문에 접근하기 때문이다. 이 경우 말씀, 즉 성령님의 인도하심을 듣기보다는 오히려 말씀 속에 자신의 의도를 쑤셔 넣을 위험이 클 수밖에 없다. 그렇기에 설교자는 결코 맥도날드의 직원이 되면 안 된다.

참, 위의 위스콘신 맥도날드 이야기는 실화이다. 그곳 캠프장에 머물던 3박 4일 동안 나는 매일 새벽 맥도날드에서 그 노인들과 햄버거를 먹으며 결코 잊지 못할 특별한 경험을 했다. 지금도 가끔, 사방이 하얗게 눈으로 덮였던 위스콘신의 그 새벽이 생각난다.

12.
여보, 오늘 하나님이
밥 대신 짜장면을 먹으라 하시네요!

오늘날 하나님 앞에
'특별한 종'은 더 이상 없다.
당신과 나, 우리 모두가
다 특별한 종이니까.

교회에서 사라져야 할 단어는 '영적인 일'이다. 인간의 모든 행동은 영적이고 동시에 육적이다. 이 둘을 구분하기 시작할 때 소위 영적인 일을 하는 사람과 육적인(세상적인) 일을 하는 사람을 구분해 차별하기 시작한다. 인간은 다 똑같다!

중학교 때 한 열성 크리스천 선생님이 수업 중 이런 말을 했다. 지금도 그 선생님이 왜 그런 소리를 했는지 그 전후 맥락은 기억나지 않는다.

"너희! 미국의 지미 카터 대통령이 크리스천인 거 알고 있지? 니네가 지미 카터보다 똑똑해? 니네가 미국 대통령보다 똑똑해? 별로 똑똑하지도 않은 것들이 교회를 안 나가고 지랄이야?"

그때 들었던 생각은 이것이다.

'만약 지미 카터보다 더 훌륭한 사람이 태양신을 믿으면 저 선생님은 종교를 태양신으로 바꿀까?'

자신의 확신을 다른 사람, 특히 유명인에게 의지하는 우리의 슬픈 자화상의 전형적인 예다.

중학교에 들어간 첫해 여름, 이른바 불세례 성령을 체험한 나는 그때 사실 제정신이 아니었다. 뭔가 더 뜨거운 것을 체험하기 위해 갈 수 있는 집회는 어디라도 참여하곤 했다. 당시 내가 살던 강남에는 거의 한 달에 하나씩 상가마다 개척교회들이 들어서고 있었다. 대부분의 상가에는 교회가 하나였지만 상가가 좀 큰 경우에는 세 개의 교회가 한꺼번에 들어서는 경우도 있었다. 그래서 그런지 날이면 날마다 전봇대에 붙은 신선한 '심령부흥집회'의 포스터를 볼 수 있었다. 그랬다. 나는 매일매일 새로운 심령의 부흥이 필요한 열네 살짜리 소년이었다.

어느 날 밤 집 근처의 한 교회 부흥회에 참석했다. 그 부흥회의 강사 목사는 인상부터가 뭔가 뜨거운 불을 내려줄 것 같은 느낌이었다. 나는 기대를 한껏 품은 채 늘 그렇듯이 강단에서 가장 가까운 장의자에 자리를 잡고 앉았다. 목사가 말씀을 시작했다.

"여러분, 제가 사실 이 집회를 처음에는 '하나님의 인도하심'이라는 주제로 준비했었습니다. 그런데 집회 설교를 거의 다 마무리하고 이제 정리하려는 시점에 갑자기 하나님께서 제게 그러시는 겁니다. '최 목사, 이번 집회는 성령 세례에 대한 말씀을 선포하도록 하라'고 말입니다. 제가 얼마나 당황했는지 아십니까? 그것도 집회 시작 이틀 전에 그렇게 말씀하시니 말입니다. 그런데 여러분 제가 무슨 용빼는 재주가 있다고 하나님이 시키시는데 '아이고, 하나님, 시간이 없어서 지금은 그렇게 못 합니다'라고 말하겠습니까? 무조건 '아멘'으로 받고 성령의 능력을 의지해(이 대목에서 그 목사님은 주먹을 불끈 쥐고 앞으로 확 내밀었다) 밀고 나가는 거지, 안 그렇습니까?(참석자들은 일제히 거의 광적인 함성으로 '아멘'을 외쳤다. 아마 내 목소리가 제일 컸을지도 모르겠다.) 여러분, 제가 장담하는데 이번 집회 은혜가 대단할 겁니다. 거의 상상 못할 폭포수 수준으로 쏟아질 것입니다. 왜 그런지 아십니까?(목사는 분명 질문을 했는데도 사람들은 대답 대신 그냥 '아멘'을 외쳤다.) 제가 수도 없이 집회를 했는데 일 년에 한두 번 하나님께서 제 목을 비틀어 강제로 제 생각을 바꾸시는 경우가 있어요. 그럴 때마다 아주 죽을 맛입니다. 이번처럼 말이에요. 이틀 동안 갑자기 설교를 새롭게 다 준비해야 하니 말입니다. 아무튼, 하나님께서 이렇게 강하게 저를 밀어붙이시는 건 다 이유가 있습니다. 그 교회를 완전히 뒤집어놓으려고 그러는 거예요. 축복을 쏟아 부어서 완전히 뒤집어버리려고요(어떤 여자 성도는 아예 일어나 펄쩍거리며 아멘을 외치기도 했다. 나는 너무 앞자리에 있었기 때문에 차마 일어나지는 못했다). 자, 성도 여러분! 이제 우리 한번 은혜의 나이아가라 폭포로 확 빠져버립시다."

　앞에 앉아서 그 목사의 말씀을 듣고 있던 나는 무엇보다 그가 얼마나 위대해 보였는지 몰랐다. 다른 이유가 아니었다. 오직 단 한 가지 이유 때문이었다. 눈앞에서 말씀을 선포하는 그 목사가 하나님과 직통으로 통하는 사람이라는 사실 때문이었다. 성경에 나오는 아브라함처럼 하나님과 같이 대화하는 것은 기본이고 그 목사는 거기서 한 발 더 나아가 때로는 하나님께 땡깡도 부리는, 하나님과 분명 '특별한 관계'를 가진 '특별한 사람'으로 보였기 때문이다. 나는 그해 여름 내내 청계산 기도원을 찾아 생나무를 붙잡고 흔들며 하나님 음성 한번 듣고 싶어서 얼마나 발버둥쳤는지 모른다. 그런데도 하나님의 음성은커녕 하나님의 숨소리조차 듣지 못했다. 그런데 그 목사는 하나님과 대화하는 것이 그냥 일상이고 기본인 듯했다. 그러니 내가 어찌 그를 부러워하지 않을 수 있었겠는가? 그날, 또 한 가지 기억에 남는 것은 하나님께서도 목사님을 부를 때는 그냥 '누구야!'라고 이름을 부르는 대신 '무슨 목사'라고 호칭을 빼지 않고 부르신다는 사실이었다.

그러나 그날 별일은 생기지 않았다.

'은혜의 폭포수……. 그런 건 전혀 없었다.'

나이아가라 폭포는커녕 설악산의 비룡폭포 비슷한 것도 없었다. 무엇보다 설교 중간중간 몇 개의 웃긴 이야기 말고는 아무런 내용이 없었다. 내가 다니던 교회의 중고등부 목사님의 설교가 훨씬 더 나았다. 지금 생각해보면 그 목사는 전혀 준비라고는 하지 않은 즉흥적인 설교였던 것 같다. 하긴, 당연한지도 모르겠다. 준비할 시간이 없었다니까. 그러나 그날 교회 문을 나서는 많은 사람은 기대가 컸던 만큼 실망도 컸다. 교회 문을 나서는 사람들의 얼굴에서 나는 그 점을 확연하게 느낄 수 있었다.

우리는 흔히 설교 시간에 "하나님이 제게 이렇게 말씀하셨습니다" 혹은 "성령님이 저를 강하게 이끄셨습니다" 하는 식의 목사들 말을 듣는다. 그런 말을 하는 이들의 진정성을 의심하지 않으려고 노력한다. 하지만 한편으로는 목회자들에 비해 아직은 좀 더 순진한 성도들이 가진 콤플렉스를 자극해 목회자의 우월함 내지 특별함을 과시하기 위한 하나의 방법이 아닌가 하는 의구심도 완전히 떨쳐버릴 수 없다. 사실 교회 다니는 사람들 치고 이런 생각을 안 해본 사람이 있을까?

'아, 예수님과 정말로 한 번만 만날 수 있다면, 아니 그분의 목소리를 한 번만 들을 수 있다면 내가 정말로 조금의 의심도 없이 믿을 텐데. 지금 내가 고민하는 거에 대해서 명확히 들리는 음성으로 하나님께서 응답해주신다면⋯⋯. 내가 지금 저 남자와 결혼하는 것이 맞는지 틀린지 음성으로 확실하게 한 번만 응답해주신다면 정말로 나는 평생 흔들리지 않는 믿음으로 살 텐데 말이야. 난 배가 불러 터진 이스라엘 백성들과는 정말 다른데⋯⋯. 매일 불기둥, 구름기둥에 메추라기 고기까지 먹는 기적의 호강을 누렸으면서도 하나님을 배신했던 그들과 나는 질적으로 다른데 말이야. 그냥 하나님께서 내 눈앞에 한 번만 나타나셔서 당신의 모습을 확실하게 보여주시면 평생 오로지 주님만 사랑할 자신이 있는데⋯⋯.'

　이런 사람들에게 마치 자기는 하나님과 매일 손잡고 대화라도 한 듯이 말하는 소위 '주의 종'이 어떻게 보이겠는가? 신령한 정도를 넘어서 나 같은 사람은 죽었다 깨어나도 도달할 수 없는 경지에 있는 사람으로 보이지 않겠는가? 그렇기에 특히 큰 교회의 '주의 종'은 이성적인 기준에서 말도 안 되는 결정을 해도 그 속에 뭔가 놀라운 뜻이 있을 것이라는 식의 면죄부를 받을 수 있는지도 모른다. 그러나 나는 확실하게 말한다.

'오늘날 하나님 앞에 특별한 종은 더 이상 없다.'

이 부분에서 성도들의 의식이 바로 깨어나는 것이야말로 우리 교회가 다시금 살아나기 위한 첫 번째 단계이자 가장 중요한 시작점이다. 반복을 통해 형성되는 '자기 착각' 내지 '자기 최면'으로 무장하기만 하면 누구나 다 내가 어린 시절 참석했던 집회의 그 목사처럼 될 수 있다. 조금만 눈 딱 감고 노력하면 누구나 이렇게 말할 수 있다.

"여보, 하나님께서 오늘은 물김치 대신 총각김치를 사라고 하시는군요."

오늘도 하나님의 특별한 종으로 여겨지는 이들은 무엇보다도 신유집회와 방언집회 등을 통해 사람들의 마음을 휘어잡고 있다. 물론 얼마든지 이해할 수 있다. 우리 인간은 끊임없이 특별한 누군가를 찾는다. 그리고 의지하고 싶어 한다. 누군가가 나를 대신해, 나는 죽었다 깨어나도 될 수 없는 바로 그 '영웅'이 되어주기를 바란다. 그가 내 스스로는 결코 채울 수 없는 내 속의 결핍을 보상해주기를 바란다. 하나님이 예수 그리스도를 통해 나의 결핍을 직접 채우시겠다고 분명히 말씀하셨는데도 우리는 끊임없이 하나님께 나아가는 데 필요한 '매개체'를 인간 속에서 찾는다. 그 사람을 통해 하나님께서 내 병을 낫게 해주신다고 생각한다. 그 사람이 내 머리에 손을 얹어야 하나님께서 내게 축복을 내리신다고 생각한다. 그 사람이 개업하는 내 가게에서 기도를 해줘야 번창할 것이라고 생각한다.

훌륭한 의사를 아버지로 둔 아들이 있다. 그런데 이 아들은 참 이상하다. 몸이 아플 때마다 아빠한테 그냥 가면 되는데 꼭 아빠 병원에서 일하는 간호사에게 전화를 건다. 그리고 부탁한다.

"간호사 누나, 아빠한테 연락 좀 해주세요. 제가 지금 몸이 좀 안 좋아요."

이런 아들은 어떤 아들인가? 스스로를 아버지의 아들이 아니라 아버지의 집에 들어온 종으로 격하하는 비참한 아들 아닌가? 지금 우리가 이 아들의 모습이 아닌가? 그것도 '믿음'이라는 이름으로 말이다.

13.
송광사의 예불과
트리에스테 커피의 공통점은?

오늘날 세상의
각종 기법을 교회 속에,
예배 속에 집어 넣은 곳들은
더 이상 교회가 아니다.

새벽 3시 반이면 어김없이 송광사에서는 새벽 예불이 진행된다. 지난 천년이 넘는 세월 변함없이 지켜온 엄숙한 예식이다. 그 길고 긴 시간 동안 산천은 수도 없이 바뀌었지만 송광사의 새벽 예불은 바뀌지 않았다. 세상의 변화를 모방하고 쫓아가기 위해 여념이 없는 우리 교회의 모습과 극명하게 대비된다. '세상과의 소통'이라는 미명하에 우리가 결코 잃지 말아야 할 우리의 본질마저도 포기하고 있지는 않은지 되돌아볼 시간이다.

이탈리아 북부에 트리에스테Trieste라는 지역이 있다. 그 지명을 따서 만든 카페 트리에스테는 커피 마니아들에게 널리 알려진 샌프란시스코의 커피전문점이다. 1956년에 문을 연 이 가게는 그로부터 50년이 훨씬 지난 오늘까지도 그때 모습 그대로 영업을 하고 있다. '좁다'라고 말할 수밖에 없는 가게의 한쪽 벽면은 1957년에 누군가가 그린 벽화로 장식되어 있고 또 다른 벽들은 가게의 역사를 상징하는 각종 사진들로 가득 차 있다.

트리에스테에 들어서는 그 순간부터 커피는 더 이상 단순한 음료가 아니다. 이곳에서 커피는 삶이고 사람과 사람을 이어주는 소통이며 또한 개개인의 일에 생명을 불어넣는 영감이다. 커피를 앞에 놓고 원고에 붉은 줄을 그어가며 편집 교정에 여념이 없는 사람, 짙은 커피 향을 어느새 화려한 수채화로 바꾸어 도화지를 수놓는 사람, 분명 어디선가 막 도망이라도 친 듯 애절한 사랑에 빠진 연인, 지도를 손에 들고 다음 행선지를 찾는 여행객, 심지어 은근슬쩍 카운터에 놓인 빵을 하나 가방에 훔쳐 넣고도, 태연하게 앉아 있는 사람에게 말을 건네며 가게를 나서는 할머니까지……. 커피를 매개로 각종 인간의 삶이 이 조그마한 가게 안에서 한순간도 빠짐없이 펼쳐지고 있다.

영화 〈대부〉를 만든 프랜시스 포드 코폴라Francis Ford Coppola 감독이 즐겨 찾았다는 트리에스테에는 오늘도 커피를 앞에 놓고 그 향이 가져다줄 영감에 의지해 내일의 거장을 꿈꾸는 많은 예술가가 모여든다. 새벽 6시 반에 문을 여는 그 순간부터 이 가게에 길게 늘어선 줄은 도통 줄어들 기미가 보이지 않는다.

진짜 커피 맛을 아는 사람들에게 커피의 동의어는 '에스프레소'다. 보통 사람들에게 그저 쓰기만 한 에스프레소야말로 커피의 참맛을 찾는 사람들에게는 그 진가를 판단하는 시금석 같은 것이다. 트리에스테가 뽑아내는 최고의 에스프레소 맛에 중독된 사람들은 도대체 어디에서 그렇게 몰려오는지 트리에스테에는 새벽부터 저녁까지 항상 인산인해다.

나는 트리에스테에 앉아서 도대체 이 가게의 매출은 얼마나 될지 한번 계산해보았다. 관찰 결과 평균 30분에 70명에서 80명의 사람들이 커피와 페이스트리를 주문하고 있었다. 하지만 그냥 줄여서 한 시간에 100명이라고 칠 때, 정말로 적게 잡아 일인당 5불 어치를 산다고 하면 트리에스테의 한 시간의 매출은 500불이다. 하루 영업 시간을 그냥 팍 줄여서 계산하기 쉽게 10시간이라고 하면 하루 매출은 5,000불이다. 이렇게 볼 때 한 달 매출은 15만 불이고 이는 우리 돈으로 약 2억에 달하는 금액이다. 현실적으로 제대로 계산한다면 한 달 3억에 가까운 매출이 나올 것이 분명하다.

이 가게 인근에는 이미 여러 개의 스타벅스가 있다. 하지만 트리에스테는 주변에 스타벅스 몇 개가 몰려들어도 그다지 상관하지 않는 듯하다. 아니 오히려 스타벅스가 많아지면 많아질수록 트리에스테는 더 번성할지 모른다. 내가 확인하지는 않았지만 어쩌면 주변에 스타벅스가 없었던 과거보다 요즘의 매출이 더 많아졌는지도 모른다. 왜냐하면 주변에 스타벅스를 비롯한 커피 전문점들이 늘어날수록 더 많은 사람이 트리에스테 커피의 참맛, 그 차이점을 분명히 알게 될 테니까.

트리에스테는 우리에게 '진짜의 힘'을 보여준다. 진짜는 무엇보다 주변의 변화에 결코 흔들리지 않는다. 트리에스테는 비록 커피의 형상을 지녔지만 결코 커피가 아닌 달콤한 칼로리의 대마왕 '프라프치노'를 스타벅스가 아무리 광고해도 전혀 흔들리지 않는다. 트리에스테는 프라프치노 비슷한 것들을 만들어 사람들을 현혹하지 않는다. 왜냐하면 진짜 커피를 찾는 사람들은 도리어 더 트리에스테를 찾을 테니까. 스타벅스가 프라프치노와 같은 각종 이상한 커피 변형들을 만들어내면 낼수록 트리에스테는 힘이 난다. 그럴수록 진짜의 가치가, 진짜의 진가가 더 드러나는 것이다. 진짜는 가짜가 많아질수록 흔들리기는커녕 더 신이 난다. 나훈아의 가치는 너훈아 또는 나운아와 같은 가짜 '나훈아'들이 얼마나 많은가를 보면 잘 알 수 있다. 나훈아가 너훈아 때문에 불안해한다는 소리를 들어봤는가?

'진짜는 가짜 때문에 불안해하지 않는다.'

불안해하는 것을 넘어서 도리어 가짜를 따라하려는 그런 말도 안 되는 짓을 하는 진짜는 상상할 수도 없다.

각설하고, 그렇다면 교회에서는 무엇이 진짜인가?

'인간의 본질을 제대로 밝혀주는 성경 말씀이 진짜다.'

우리를 만드신 창조주가 말하는 인간 본질이 진짜다. 지금 이 세상에는 인간에 대한 수많은 이론이 있다. 그리고 교회는 그런 세상의 이론들에 현혹되어 성경이 말하는 인간의 본질이 아닌, 세상이 가르치는 인간의 본질을 연구하기에 여념이 없다. 인간을 높이고 기쁘게 해야 하며 무엇보다 즐겁게 해줘야 한다는 그 이론에 매달리며 예배를 나날이 변질시킨다. 사람들이 싫어하면 틀린 것이고 사람들이 좋아하면 진리라고 생각한다. 그렇게 교회는 오늘도 세상의 '인간만족 테크닉'을 습득하는 데 최선을 다하고 있다.

트리에스테의 커피를 찾는 사람들에게 에스프레소가 아닌 프라프치노를 파는 스타벅스는 커피전문점이 아니다. 마찬가지다. 오늘날 세상의 각종 기법을 예배 속에 집어 넣은 곳들은 더 이상 교회가 아니다. 하나님이 아닌 사람을 만족시키기 위해 예배가 공연으로 바뀐 그곳은 마치 프라프치노가 커피라는 이름으로 활개 치는 곳과 크게 다르지 않다.

14.
말발의 설교,
성령의 설교

가벼운 강단, 경박한 설교…….
과연 언제쯤 내 존재를
근원에서부터 흔들어 깨우는
그런 말씀을 만날 수 있을까?

자신의 말발이 아닌 성령에 사로잡힌 설교자, 그의 불꽃같은 말씀에 사로잡혀 시간가는 것조차 잃어버린 채 내 영혼이 마구 흔들리고 있음을 마지막으로 느낀 때가 언제였던가? 30분 설교가 끝나고 난 후 머리에 남는 것은 설교 중간에 나왔던 허접스러운 농담 정도……. 설교는 넘치지만 말씀의 능력은 사라진 슬픈 시대에 우리는 살고 있다.

중학교 때 중고등부를 잠시 담당했던 한 전도사님은 이제 이름만 대면 상당수의 사람이 알 정도로 유명한 분이 되었다. 물론 당시에는 무명의 청년이었지만……. 내 기억에 그분은 2년이 채 못 되게 우리 중고등부를 맡았던 것 같다. 그분은 젊었지만 무엇보다 카리스마가 대단했다. 온유하면서도 특히 설교 때 뿜어내는 그 카리스마는 우리 대부분을 집어 삼키고도 남을 정도였다. 그 전도사님은 항상 수련회도 직접 인도했다. 수련회와 관련해 기억에 남는 것은 장장 두 시간이 넘곤 하던 그분의 설교였다. 당시 한없이 길어지는 설교로 식사 시간이 늦어져도 우리 모두는 불평 없이 말씀에 집중하곤 했다. 지금 생각해도 참 대단하다. 어른도 아닌 학생들이 말이다. 다들 알 것이다. 수련회에서 식사가 주는 즐거움이 어떤지 말이다. 주일 예배 때도 그분의 고질적인 '긴 설교'는 여전했다. 설교가 거의 한 시간에 육박했으니까. 어느 날 전도사님이 내게 말했다.

"성호야, 여기 강대상 종을 들고 있다가 내 설교가 35분이 되면 땡땡, 하고 쳐줘라. 내가 설교를 시작하면 시간관념이 도통 없어져서 말이야. 네가 종을 치면 내가 바로 마무리하고 마칠 수 있도록 말이야."

하지만 종을 몇 번을 쳐도 아무 소용이 없었다. 자명종이 울려도 잠자리에서 일어나기 싫어서 이불을 뒤집어 쓰는 기분이었는지 몰라도 그 전도사님은 내가 그나마 눈치를 보면서 울려대는 종소리에는 아랑곳하지 않고 설교를 끌고 가곤 했다. 나는 한 몇 주간 바보처럼 앉아서 종을 치다가 마침내 집어치웠다.

그런데 어느 날 갑자기 그분이 청년부로 자리를 옮기게 되었다. 그리고 그 후임으로 당시 분반 공부를 맡고 있던 한 선생님이 오게 되었다. 우리는 당시 그 선생님이 신학대학원을 다니고 있던 것도 몰랐다. 그 정도로 전도사님의 후임으로 온 선생님은 조용한 분이었다. 그러니 우리의 놀라움은 클 수밖에 없었다. 물론 전도사님이 청년부로 옮긴다는 사실에 섭섭함도 말할 수 없이 컸지만 무엇보다 그 '조용한' 선생님이 전도사님의 후임이라는 점 때문에 더 그랬다. 전도사님의 마지막 주일, 그분은 당신이 처음 중고등부에 부임하여 했던 설교, '요셉의 꿈'을 그날 다시 설교했다. 이곳저곳에서 우는 학생들이 많이 있었다. 설교 후 마지막 인사를 마친 후 전도사님은 후임이 되신 선생님을 앞으로 불러 소개했다. "앞으로 우리 중고등부를 이끌어갈 분이니까 많은 기도를 부탁한다"는 일반적인 인사와 함께 말이다. 그리고 마침내 그 선생님은 분반 공부를 인도하는 여러 선생님 중 한 명이 아니라 중고등부 전체를 맡은 교역자의 신분으로 우리 앞에 섰다. 우리는 지금까지 알던 선생님이 아닌 마치 다른 사람을 보는 듯한 느낌으로 그 선생님의 입에서 흘러나올 교역자로서의 첫마디에 귀를 기울였다.

"여러분, 내가 지금 이 자리에 서 있는 건 사실 말도 안 됩니다."

선생님의 첫마디는 너무 뜻밖이었다. 듣기에 따라서 겸손의 말로 들을 수도 있겠지만 우리는 바로 알 수 있었다. 그건 겸손이 아니라 진심일 뿐더러 자신도 감당하지 못할 부담감에서 나오는 말이라는 것을 말이다.

"내가 감히 어떻게 ○○○ 전도사님의 뒤를 이을 수 있겠습니까? 우리 전도사님이 얼마나 대단한 하나님의 종인지 다들 아는데 저 같은 사람이 어떻게 전도사님을 이어서 이 중고등부를 맡을 수 있겠습니까? 하나님께서 도와주셔야만 합니다. 여러분, 여러분도 이 부족한 사람을 위해 기도해주십시오."

너무도 기죽어 있는 선생님의 목소리……. 마치 무슨 큰 잘못이라도 한 아이가 엄마 앞에서 변명을 하는 듯한 선생님의 힘없는 목소리에 어떤 카리스마를 기대했던 우리 모두의 바람은 바로 그 자리에서 산산조각이 났다. 그랬다. 선생님은 우리가 이제껏 알고 있던 바로 그 선생님이었다. 그분이 교역자가 되었다고 바뀐 것은 아무것도 없었다. 잠깐이나마 선생님이 이제는 지금껏 쓰고 있던 가면을 벗어던지고 카리스마 넘치는 '헐크'가 되어 자신의 진면목을 펼칠 것이라고 기대했던 우리의 생각은 그냥 말 그대로 '순진한 망상'에 불과했다.

무엇보다 평소에는 조용하시다가도 강단 위에서 설교를 할 때면 마치 다른 사람이라도 된 듯 카리스마 넘치던 전도사님의 모습에 익숙했던 우리는 그 다음 주부터 갑자기 달라진 상황에 본격적으로 적응해야만 했다. 선생님은 설교도 분반 공부를 인도하던 때의 조용하고 힘없는 말투를 그대로 사용하셨기 때문이다. 선생님의 설교는 30분을 넘지 않았다. 하지만 우리 중 누구도 짧아진 설교를 좋아하는 사람은 없었다. 선배들 중 몇 명은 고등학생인데도 아예 전도사님이 옮기신 청년부 집회에 참석하곤 했다. 그러니 지금 생각하면 그 선생님이 중고등부를 맡았던 그 짧은 기간 얼마나 마음고생이 심했을까?

하지만 진짜 문제는 수련회에서 발생했다. 이유는 알 순 없지만 그 선생님이 교역자로 부임하고 맞은 첫 수련회에서 강사를 초빙하는 대신 선생님이 수련회 집회를 직접 인도했다. 지금 생각하면 그건 당시 교회의 방침 때문이었는지도 모르겠다. 내심 청년부로 가신 전도사님이 강사로 오기를 기대했던 많은 학생의 기대는 무참히 깨어졌다. 전도사님이 못 오면 하다못해 외부 강사라도 오기를 바랐던 사람들도 적지 않았다. 그런 상황이었으니 수련회가 처음부터 순조로울 리 없었다. 아니나 다를까 어떻게 보면 수련회 전체를 좌우하는 첫날 저녁 집회는 너무도 싱겁고 무미건조하게 마감되었다. 선생님의 설교는 평소 주일 설교와 별로 달라진 것이 없었다. 여전히 조용하고 느릿느릿한 말투의 맥 빠진 듯한 설교는 그대로였다. 다만 주일 설교에 비해 길이가 좀 길어졌다는 점이 다를 뿐이었다.

　너무도 '차분하고 조용했던' 수련회는 다음 날 오전이면 끝날 것이었다. 이제 남은 것은 마지막 밤 집회뿐이었다. 그런데 수련회를 마치는 전날, 오전부터 선생님이 보이지 않았다. 새벽 집회를 마친 이후로 아침 식사 시간부터 선생님을 아예 볼 수가 없었다. 도대체 이 분이 어디를 가셨나, 하는 궁금증은 오전 성경공부 때가 되어서야 풀렸다. 수련회 성경공부를 맡은 선생님이 말했다.

　"얘들아, 선생님은 오늘 저녁 집회를 위해 하루 종일 금식하시며 기도하고 계신다. 너희도 선생님을 위해 기도해주기 바란다."

　순간 '뭐, 기도한다고 그 설교가 어디 갈까?'라는 생각을 비단 나만 하는 것이 아니었다. 아무도 노골적으로 내색은 하지 않았지만 그 생각이 얼굴에 드러나는 것을 굳이 감추려는 사람들도 없었으니까.

　저녁 집회 시간이 되었다. 성령 충만은커녕 오히려 굶어서 그런지 평소보다 더 측은하게만 보이는 선생님이 드디어 설교를 시작했다. 하루 종일 금식한 탓인지 가뜩이나 맥이 없는 그분의 말투는 더 힘없고 느리게만 들렸다. 처음의 느낌은 분명 그랬다. 그런데 도저히 뭐라고 설명할 수 없는 일이 서서히 일어나기 시작했다. 평소보다 오히려 더 악화된 그분의 설교에 우리는 어느 순간부터인가 빠져들고 있었다. 평소 선생님의 설교와는 너무도 다르게 그분의 한마디 한마디는 뭐라 말할 수 없는 어떤 분명한 위엄과 권위를 가지고 우리를 내려치고 있었다. 단 한 명도 조는 사람 없이, 평소 드러내놓고 선생님을 조롱하던 몇몇 선배들조차도 그분의 입에서 나오는 모든 단어와 숨소리에까지 집중했다. 청년부로 가신 전도사님의 뛰어난 그 설교들에서조차 단 한 번도 목격한 적 없는 이상한 일이 그날 밤 우리 눈앞에서 발생한 것이다. 그렇다고 설교를 듣던 우리 중 누군가가 가슴을 찢을 듯 회개의 눈물을 쏟으며 방 안을 데굴데굴 구른 것도 아니었다. 누군가가 갑자기 방언을 쏟아내지도 않았다. 예언을 한다고 떠든 사람이 있었던 것도 아니다. 그러나 우리 모두는 보았다. 비록 눈앞에서 설교하는 선생님은 우리가 잘 알고 있던 사람이지만 또한 동시에 지금 이 사람은 우리가 알던 그 사람이 아니라는 사실을 말이다. 그날 집회가 끝나고 조별로 모여 마무리를 하는 시간, 우리 반 선생님은 우리에게 조용히 말씀했다.

"너희들 오늘 하나님께서 선생님을 쓰시는 것 봤지?"

우리 모두는 하나같이 고개를 끄덕일 수밖에 없었다. 그랬다. 왜 평소에 잘 알던 사람이 갑자기 다른 사람처럼 보였는지……. 그 이유는 단 한 가지 때문이었다.

'그가 성령님께 온전히 사로잡혔기 때문이다.'

우리 모두는 그날 밤, 그때까지 우리가 알고 있던 성령님과 전혀 다른 성령님의 역사를 보았다. 우리가 알던 '수련회 성령님'은 주로 방 안을 구르며 울부짖는 우리에게 '불'을 내려주시던 분이었다. 그러나 그날 우리가 본 성령님은 그 성령님과 전혀 달랐다. 당시 우리는 어렸지만 한 설교자가 하나님 앞에서 자신을 비우고 온전히 성령님께 사로잡힐 때 어떤 일이 일어나는지 똑똑히 볼 수 있었다. 설교자를 통해 말씀으로 우리를 사로잡는 성령님의 역사를 말이다.

청년부를 맡았던 전도사님은 몇 년 후 교회를 개척했다. 대학에 막 들어간 나는 당시 사귀던 여자 친구와 함께 그 전도사님 교회의 주일예배에 참석했다. 사귀던 여자 친구가 예수님을 믿지 않았기에 전도도 할 겸 말이다. 그런데 그 여자 친구와 뭐가 안 되려고 그랬는지는 몰라도 그날 전도사님의 설교는 수련회도 아닌데 거의 두 시간에 육박했다. 그리고 설교

후에는 거의 한 시간 동안 성찬식이 진행됐다. 커다란 빵을 한 명씩 직접 쪼개가면서 하는 '진짜 성찬식' 말이다. 11시에 시작한 주일 예배는 오후 2시가 넘어서야 끝났다. 그날 이후 그 여자 친구는 내 연락을 받지 않았다. 아마도 그 아이는 나에게서 종교의 '광신자'들에게서 느끼는 모종의 불안감을 발견했는지도 모르겠다.

만약 지금 연인의 사랑을 확인하고 싶다면 복잡하게 생각할 필요 없다. 긴 설교와 성찬식을 자랑하는 가까운 교회로 그녀 또는 그를 데려가 사랑을 한번 검증해보면 어떨까?

15.
신유 은사?
교회에서 자꾸 작두 탈래?

하나님과
우리 사이에는
무당이 필요 없다.

치유 집회에서 정말로 암을 치료했다면 그 사람은 당장 그 다음 주 타임지 커버스토리에 나와야 한다. 세상의 모든 돈을 다 가진 듯한 스티브 잡스가 자신의 암을 없애기 위해 안 써본 방법이 있을까? 하지만 그도 죽었다. 스티브 잡스 같은 사람도 암에 걸려 죽는데 누구누구는 치유 집회 참석에서 암이 나았다고? 사방팔방에 넘치는 치유 집회 건수로 볼 때 기독교인의 암 사망률은 비기독교인보다 현저하게 낮아야만 한다. 그런데 과연 그럴까?

최근에 엄청나게 유명한 우리나라의 한 '치유 집회' 동영상을 하나 보았다. 그 집회를 보며 들었던 의문들을 특별한 순서 없이 적어보았다.

첫째, 병 치료하는 데 왜 굳이 자아를 내려놓아야 할까? 그리고 자아를 내려놓는다는 것은 도대체 무슨 의미일까?

그 집회의 인도자인 손기철 장로(지금도 온라인 서점에는 『왕의 기도』 등 신학계에서 뜨거운 감자가 되고 있는 손기철 장로의 저서가 넘쳐난다)는 집회 내내 끊임없이 주문했다. 자아를 다 버리라고,

당신의 자아를 다 내려놓으라고……. 그래야 예수님이 당신을 사로잡고 비로소 일을 하실 수 있다고 말이다. 인도자는 단순한 주문으로는 부족한지 자아를 내려놓기 위한 '구호'를 시켜가면서까지 '자아 내려놓기'를 집회 내내 강조했다. 그런데 나는 영 납득이 되지 않았다.

솔직히 물어보자.

그 집회에 사람들이 왜 가는가?

정말로 극소수를 제외하고는 다 병 낫고 싶어서 가는 것 아닌가?

아픈 것 낫고 싶은 건 자아가 아닌가? 그것은 속된 말로 '욕심'이 아닌가?

그것이야말로 가장 확실한 자아 아닌가?

도대체 포기해야 할 자아는 어떤 자아일까? 부자 되고 싶은 욕심, 출세하고 싶은 욕심…… 뭐 그런 것일까? 그렇다고 볼 때 아픈 사람이 낫고 싶은 것과 가난한 사람이 돈 벌고 싶은 게 뭐가 다를까? 하나는 포기해야 할 자아이고 나머지 하나는 가지고 있어도 좋은 자아인가? 만약 낫고 싶은 마음마저도 버려야 할 자아라면, 그래서 정말로 치유의 전제조건으로 그 마음마저 사라져야 한다는 의미라면 이는 고시 공부하는 사람에게 합격을 원하는 마음 자체를 없애라는 말과 다르지 않다. 아무튼 잘 알 수가 없다. 굳이 갖다 붙이자면 자아를 다 내려놓으라는 말은 병 낫고 싶은 마음 빼고 다른 욕심은 다 없애라는 의미라고 말할 수 있을지도 모르겠다. 하지만 이게 참 어렵다. 사람 마음이 무슨 벽돌 더미도 아니고 말이다. 이거는 빼고 저거는 내려놓고 요거는 유지하고……. 그게 되는가? 여하튼 내가 볼 때 '자아를 다 내려놓으라'는 말이 그 자체로는 그럴듯해 보일지 몰라도 따지고 들어가면 정말로 공허한 말장난에 불과하다. 아픈 사람들에게 이것저것 형이상학적인 거 요구하지 말고 그냥 낫게만 해주면 좋겠다. 자신이 갖고 있는 '특별한 능력'으로 병을 낫게 하는 데 뭐 그렇게 복잡한 요구 사항들이 많을까?

둘째, 병 치료하는 데 왜 그토록 많은 찬양이 필요할까?

아픈 사람들 낫게 하는데 요즘은 왜 그렇게 많은 찬양, 특히 부드러운 발라드 찬양들이 필요한지 모르겠다. 앞에서 언급했던 과거 유명했던 신유 은사의 대모격인 현신애 권사 같은 경우 노래 하나 부르지 않고도 수많은 사람을 고쳤다는데 말이다. 왜 굳이 배경음악까지 동원하면서까지 그처럼 부드러운 노래들을 집회 내내 불러야 하는지 잘 모르겠다. 의사가 환자 치료할 때 약 주고 주사 놓고 또 수술하면 되지, 굳이 환자들에게 음악을 틀어주지는 않는다. 성경을 보아도 예수님께서 병자를 앞에 놔두고 치료하실 때 제자들이 뒤에 서서 배경음악으로 분위기 잡았다는 말은 없지 않은가? 음악과 치료의 상관관계를 음악이 주는 '심리적 유도 또는 최면'이라는 점을 빼고 달리 어떻게 이해할 수 있을까? 하나님께서 주권으로 치료하신다면 음악을 이용한 심리요법이 왜 필요한가?

셋째, 병 치료를 통해 100퍼센트 확실히 하나님께 영광 돌리는 길이 있는데 왜 애매한 방법을 쓰는 것일까?

집회 중 치료 받은 사람들이 앞에 나와 간증하는 순서는 치유 집회에서 빠질 수 없는 하이라이트다. 굳이 내가 본 집회만 그런 게 아니고 치유 집회라면 어디나 다 그렇다. 그런데 이상하다. 이런 순서가 왜 필요한지……. 하나님의 역사를 그냥 역사 속에 맡기면 되는데 말이다. 하나님의 기적은 그냥 기적으로 남기면 되는데 말이다. 왜 굳이 공개적인 확인을 하려고 할까? 아마도 이런 확인을 통해 하나님께 영광을 돌리기 위함이 그 목적이 아닐까 생각된다. 그렇다면 나는 더더욱 묻지 않을 수 없다.

"기왕 하나님께 영광을 돌리려면 그 어떤 사람도 감히 반론을 제기하지 못하게 확실히 영광을 돌려야 하지 않겠는가?"

이게 무슨 말인가?

궁금하다면, 인터넷에서 유명한 치유 집회 영상들 중 하나를 보면 이 말의 의미를 알 수 있을 것이다. 요즘 치유 집회를 인도하는 이들은 흔히 집회 중간에 혼자 무슨 영감을 받는 듯한 자세로 이렇게 선언하곤 한다.

"지금 이 자리에 참석하신 분 중 오른쪽 무릎의 염증이 사라지고 있습니다."

"지금 여기 계신 분들 중에 이빨의 염증, 아! 왼쪽 이빨인 것 같습니다. 왼쪽 이빨의 염증이 사라지고 있습니다."

"지금 이 자리에 계신 분들 중 한 분의 오랜 당뇨가 완전히 없어졌습니다."

내가 본 집회의 인도자도 이런 선언을 하는 데 예외가 아니었다. 미국 텔레비전에서는 베니 힌Benny Hinn을 비롯한 여러 명의 신유 은사를 받았다는 목사가 카메라를 응시하면서 내뱉는 다음과 같은 말을 항상 들을 수 있다.

"지금 미시간에 사는 한 여자의 자궁암이 완치되었습니다."

"지금, 오하이오…… 아, 아닙니다. 오레곤의 한 말기 종양 환자의 종양이 감쪽같이 사라졌습니다."

그런데 이런 소리는 도통 검증할 길이 없다. 어떤 특정 텔레비전 프로그램이 방영되는 그 시간에 과연 종양이 완치된 환자가 있는지 찾기 위해 오레곤 전체를 뒤질 수도 없는 노릇이니까. 그런 점을 아니까 이 친구들은 이런 헛소리를 카메라 앞에서 마구 내뱉는 것이다. 오레곤도 좋고 알래스카도 좋고 싱가포르도 좋고 뭐, 아프리카면 어떤가? 이 사람들은 그냥 마구 갖다 붙인다.

하지만 우리 주변에서 흔히 만나는 치유 집회의 경우 이들과 전혀 다르다. 집회 인도자의 주장은 정말로 간단하게 검증할 수 있다. 서울에서 집회를 인도하는 인도자가 지금 강원도 어딘가의 종양 환자가 나았다고 주장하는 경우는 거의 없으니까 말이다. 따라서 정말로 인도자의 선언이 맞는지 간단히 확인할 수 있다. 그리고 그 확인 여부에 따라 하나님께 정말로 영광을 돌릴 수 있다. 그 방법을 지금부터 알려주겠다. 너무 간단하여 보고 나면 오히려 웃음이 나올 것이다.

우선 집회에 참석하는 사람들이 병원에서 뗀 진단서를 갖고 집회장에 들어설 때 그것을 검증하기 위해 의료기관에 제출하면 된다. 그리고 집회에서 인도자가 어떤 병이 나았다고 선언하는 사람, 아니면 선언과 관계없이 본인이 나았다고 확신하는 사람을 집회 후 진찰하면 된다. 그러고는 그 결과를 그 사람이 집회 전에 제출한 진단서와 비교하면 된다. 예를 들어 심각한 류마티스 관절염에 걸린 사람이 집회 전 제출한 진단서와 집회 후 검사 결과를 비교하면 되는 것이다. 그렇게 치유 집회를 주최하는 곳과 관계없는 제3의 의료기관이 집회에 참석하는 사람들의 병의 상태를 집회 전에 미리 의학적으로 정확히 확인하는 것이다(물론 의학적 진단이 애매하기 이를 데 없는 두통이나 허리 통증 또는 불면증, 이런 증상은 예외로 하는 게 좋을 것이다). 간단하지 않은가? 아니, 세상에 이처럼 확실하게 하나님께 영광 돌리는 방법이 또 어디 있는가? 오늘날에도 오순절 시대와 변함없이 '특정 사람을 통해서' 기적적으로 병을 치유하시는 하나님을 찬양하기 위한 것이라면 이 정도의 수고는 아무것도 아니다. 환자의 상태를 검증하기 위한 의료기관만이 아니라 필요하면 기자들도 불러서 하나님의 역사를 더 많은 사람이 볼 수 있도록 해야 한다고 생각한다. 왜 그렇게 안 하는지 잘 이해가 가지 않는다. 정말로 그런 집회장에서 암이 낫는다면? 그 치유 집회 인도자는 노벨 생리의학상과 노벨 평화상, 아니 모든 노벨상을 다 받아야 할 것이다.

넷째, 인도자가 손을 확 흔들면 왜 꼭 청중들만 넘어질까?

치유 집회 중에 우리는 흔히 인도자가 손을 휘둘러서 사람들을 쓰러뜨리는 장면을 자주 목격한다. 앞에 나와 간증하는 사람들도 그렇고 때로는 앞에 있는 청중들을 향해서도 손을 휘두르면 그 사람들이 뒤로 넘어진다. 그런데 그런 장면을 볼 때마다 나는 궁금해진다. 왜 이 사람, 저 사람 가릴 것 없이 막 쓰러지는데 집회의 '진행요원들'은 말짱한지 말이다. 베니 힌이니 뭐니 유명하다는 사람들의 집회도 마찬가지다. 모두가 다 뒤로 나가떨어져도 진행요원들은 독야청청 홀로 서서 쓰러진 사람들을 돕는다. 물론 설명할 길이 전혀 없는 것은 아니다. 당장 생각나는 것은 다음 두 가지다.

"인도자가 손으로 '성령의 바람'을 날릴 때 겨냥을 잘 해서 진행요원들에게는 쏘지 않기 때문이다. 또는 날아가는 성령의 기운이 스스로 알아서 진행요원들은 비껴가기 때문이다."

글쎄, 뭐가 맞는지는 잘 모르겠다. 아무튼 진행요원들은 대단하다. 그래서 그런지 나는 종종 집회 인도자보다 진행요원들이 하나님께 더 크게 쓰임받는 '진짜 종'이 아닌가 하는 생각을 한다.

다섯째, 왜 참석자들의 병이 단번에 치료되지 않을까?

맥아더 목사를 비롯해 여러 사람이 지적한 부분이다. 내가 본 동영상에도 예외 없이 집회에 반복해서 참석하여 나왔다고 주장하는 사람들이 많다. 그렇다면 왜 반복적인 집회 참석이 필요할까? 왜 하나님께서 단번에 고쳐주지 않으실까? 정말로 그 사람이 자아를 다 내려놓을 때까지 기다리셨다가 자아를 내려놓는 그 순간에 '꽉' 하고 고쳐주시는 걸까? 그게 사실이라면, 정말로 자아를 포기할 때만 예수님이 일할 수 있다면, 우리는 어쩌면 세상에서 컴퓨터를 가장 부러워해야 할지도 모른다. 컴퓨터처럼 우리도 '자아포기' 리셋 버튼이 있어서 예수님이 일하셔야 할 때 그 버튼을 누를 수 있다면 얼마나 좋을까? 그럴 수만 있다면 요즘 치유 집회에 참석한 이들처럼 자아를 내려놓기 위해 몇십 분씩 힘들게 노래하지 않아도 될 텐데……. 우리는 우리가 하나님을 닮은 인격체임을 오히려 원망해야 할까? 하지만 정말로 궁금하지 않은가? 왜 나의 상태와 상관없이 예수님께서 내 병을 고쳐주지 않으실까? 왜 모든 것이 다 '나한테' 달린 걸까? 왜 모든 것이 다 '나의 노력'에 따라, 또는 '나의 상태'에 좌우될까?

여섯째, 왜 치유 집회에서 낫는 병은 거의가 다 비슷비슷할까?

비단 내가 본 동영상과 관계없이 나는 신유의 은사를 받앉다는 사람들을 보면 항상 궁금하다. 왜 오늘날 하나님께서는 눈에 확실히 보이는 병은 안 고쳐주시고 꼭 보이지 않는 몸속의 병만 고쳐주실까 하는 점이 말이다. 나는 치유 집회에서 잘린 손가락이 자랐다는 사람의 이야기를 들은 적이 없다. 그 어떤 사람도 그런 이야기를 들어보지 못했을 것이다. 왜냐하면 정말 그런 일이 일어났다면 가장 먼저 신문과 방송이 가만 있지 않을 테니까. 그리고 무엇보다 전 세계의 의사들이 가만 있지 않을 테니까. 치유 집회에서 화상 환자의 피부가 재생되었다는 말을 들은 적이 있는가? 대머리에 머리칼이 무성하게 났다는 말을 들은 적 있는가? 이 세상에서 지금도 진행되는 수천 개의 치유 집회 중에서 눈에 보이는 확실한 치료는 단 '한 건'도 존재하지 않는다. 왜 그럴까? 예수님께서는 무엇보다도 눈에 확실히 '보이는 병'인 나병을 가장 많이 고치셨다. 왜 그러셨는지 궁금하지 않은가? 왜 예수님은 두통과 치통처럼 눈에 안 보이고 애매하기 그지없는 병들이 아닌, 눈에 확실히 보이는 나병을 많이 고치셨는지 말이다. 그리고 왜 지금은 그런 기적이 없을까? 하나님께서 낫게 하시는 병과 치료하지 않으시는 병을 '구분'하시기 때문일까?

앞의 내용과 좀 반복될 수도 있겠지만 다시 한 번 차분히 생각을 정리해보자.

첫째, 우리는 하나님을 믿는 우리의 신앙이 '영적 영역'에 속해 있다고 한다. 그래서 때로는 신앙과 관련해 던지는 이성적 질문들을 불신앙의 결과 또는 영적 영역에 대한 잘못된 접근이라고 매도하기도 한다. 하지만 '영적 영역'이라고 주장하는 신앙을 형성하는 믿음의 가장 중요한 근거가 '병 치료'라면, 이는 신앙이야말로 가장 육적인 영역 또는 물리적 영역임을 스스로 인정하는 것과 같다. 이 점에서 우리는 자기모순의 함정에 빠지지 않도록 주의해야 한다. 우리가 대답하기 곤란할 때는 영적 영역이라고 말하면서 실상은 가장 육적 영역에서만 신앙의 가치를 추구하고 있지는 않은지 말이다.

둘째, 나도 아픈 사람의 애타는 고통을 조금은 안다. 내 주변에 아픈 사람들도 많이 있다. 그래서 하나님을 붙잡는 그 마음이 때로는 신령하다는 사람에게로 전이되는 그 심정도 백분 이해한다. 그뿐 아니라 아픈 사람들을 치료하고 싶은 '신유 은사 받았다는 분들'의 뜨거운 마음도 이해한다. 그러나 우리는 명심해야 한다.

'병을 치료하시는 분은 오로지 하나님이시다.'

결코 사람이 아니다. 정말로 여기서 솔직히 물어보자. 왜 하나님이 특정한 사람을 '통해서' 아픈 사람을 고치실까? 왜 하나님께서 특정한 사람의 '터치'가 있어야 병을 낫게 하실까? 하나님께서는 예수 그리스도를 믿는 믿음을 통해서 우리에게 '영생'을 주셨다. 무엇보다 소중한 '영생'을 예수님을 믿는 믿음을 통해 우리에게 '직접적'으로 주신 하나님께서 왜 영생보다 분명 훨씬 '덜' 중요한 '병 고침'은 예수님도 아닌 어떤 사람을 통해서 '간접적'으로 주실까? 이렇게 예를 들 수 있겠다. 아버지가 아들한테 자동차 살 돈 1천만 원은 그냥 아들 통장에 바로 넣어주면서 자동차에 필요한 장식품 살 돈 5만 원은 직접 아들의 통장에 입금하지 않고 비서를 통해서만 주겠다고 한다면……. 이게 말이 된다고 생각하는가?

셋째, 아픈 자식의 머리를 부여잡고 낫게 해달라고 기도하는 아버지의 절규를 누가 이해하지 못하겠는가? 그 아버지의 기도에 그 아들이 나았다면 아버지는 줄지에 '신유의 은사'를 가진 사람이 되는 것일까? 아니다. 하나님께서는 기도하는 사람의 마음을 보시고 당신의 뜻에 따라 우리의 병을 낫게 하신다. 야고보서의 말씀대로 서로 사랑하는 마음으로 아픈 사람의 머리에 기름을 바르며 간구하는 그 마음을 보시고 하나님께서는 때로는 현대 의학이 치료할 수 없는 병을 낫게도 하신다.

그런 하나님의 기적을 부인하지 않는다. 그러나 명심하라.

'하나님께서는 결코 누구를 통해서 낫게 하지 않으신다.'

애초에 하나님이 낫게 하실 뜻이 없던 사람의 병이 중간에 누가 개입되어 낫게 되었다면……. 그 중간에 끼어든 사람이 바로 하나님이 아닌가? 아니면 아픈 사람의 믿음이 워낙 후져서 하나님이 도저히 낫게 하고 싶어도 하실 수가 없었는데 중간에 누가 또 끼어들어, 예컨대 치유 집회에 참석함으로 그 후졌던 믿음이 강화되어 병이 나았다면……. 그런 믿음은 믿음이 아니다. 믿음이 무슨 전기 볼트도 아니고 말이다. 믿음이 무슨 승압기를 필요로 하는가? 우리가 그걸 믿음이라고 말한다면 그 순간 우리는 하나님을 로봇으로 만드는 것과 다름없다. 하나님이 믿음의 전류가 20볼트일 때는 반응이 없으시다가 200볼트가 되는 순간 움직이기 시작하는 그런 로봇 말이다.

넷째, 우리는 하나님의 형상대로 창조된 인격체다. 누군가가 나를 비인격체로 대할 때 내 기분이 어떨까? 누군가가 나를 강아지처럼 또는 컴퓨터처럼 대우한다면? 그런데 우리는 '믿음'이라는 이름으로 우리의 창조주이신 하나님을 그렇게 대하고 있지 않은가? 고작해야 하나님 형상의 쪼가리 정도 닮은 피조물이 감히 창조주 하나님을 향해서 말이다. '특정 사람을 통한 병 치료'는 결코 단순한 문제가 아니다. 그것은 내가 지금 믿는 하나님을 '나는 어떤 하나님으로 알고 믿고 있는가'의 문제다.

16.
설교자냐, 교회 CEO냐?

설교자가 되고 싶은가?
근사한 교회의 사장이 되고 싶은가?

설교는 크게 울림이 있는 설교와 아무런 울림이 없는 설교로 나눌 수 있다. 울림을 주는 설교자는 무엇보다 자신에게 절망한다. 자신에 대한 처절한 절망에서부터 설교의 울림은 시작된다. 하나님 앞에 자신을 비추어 절망하며 울부짖는 설교자는 성령을 의지한다. 그런 설교자는 무엇보다 강단에서 까불지 않는다. 설교자는 결코 청중의 눈치를 보거나 외쳐야 할 선지자적 메시지를 외면하지 않는다.

"아니, 세상에 어떻게 한 주에 설교를 열 개씩이나 준비할 수가 있지? 어떻게 설교를 그렇게 쉽게 준비해 편하게 할 수가 있는 거지?"

어느 날 아버지는 평소 엄청난 양의 설교를 감당해내는 것을 자랑으로 삼는 모 목사의 이야기를 듣고 이렇게 말했다. 아버지의 그 감탄 아닌 감탄은 너무도 당연한 일이었다. 왜냐하면 아버지에게 설교는 말 그대로 십자가요, 고통이었기 때문이다. 아버지가 조기 은퇴 후 설교의 짐을 벗은 후 한동안, 아주 짧은 기간이지만 아주 기뻐했었다. 일주일 내내 자신을 옥죄던 설교의 부담에서 벗어났기 때문이다. 아버지가 65세 조기 은퇴를 하자 이런저런 언론에서 그 결정을 놓고 많은 찬사가 있었다. 그러나 그 결정의 가장 큰 이유는 무엇보다 아버지가 당시 건강 상태로 5년이나 더 설교의 짐을 질 자신이 없었기 때문이다.

아버지가 내게 어느 날인가 (아버지에 비해) 많은 설교를 (아버지에 비해) 순식간에 준비해 일주일에 열 번 이상 설교하는 어느 목사의 이야기를 놓고 이런저런 이야기를 나눌 때에만 해도 나는 나 자신에 대해서 잘 몰랐다. 물론 나는 설교하는 목사도 아니었지만 그때만 해도 이렇게 생각했다.

'만약 내가 설교를 하는 상황이 된다면 설교와 관련해서 아버지와 비슷하지 않을까⋯⋯.'

2008년 초 나는 시카고의 한 한인 교회에서 청년부 전도사를 맡았다. 회사를 다니고 있었지만 저녁에 집 근처 트리니티 신학교 강의를 청강하며 주말에는 전도사 활동을 했다. 그 이유는 내가 『부족한 기독교』 시리즈를 쓰고 여러 곳으로부터 워낙 많이 들은 다음과 같은 이야기 때문이었다.

"비판을 하려면 목회의 삶 안으로 들어와서 해요. 밖에서 이러쿵저러쿵 떠들지 말고. 목회를 겪어보지도 않은 주제에 뭐 그렇게 잘났다고 말이 많아요?"

나는 그런 말을 들을 때마다 이렇게 반문하고 싶었다.

"그럼 모든 영화평론가는 다 영화감독이어야 하니?"

하지만 이런 지적은 나름대로 의미가 있다고 생각했다. 게다가 나는 기회만 된다면 한번 목회의 현장을 경험하고 싶다는 생각을 하고 있었다. 그런데 뜻하지 않게 집 근처 한 교회로부터 청년부를 맡아 달라는 제안을 받은 것이었다.

내가 갔을 때 청년부는 예닐곱 명의 사람이 모여 자기들끼리 끈끈한 정을 나누며 열심히 모여 '친교'에 집중하는 일종의 친목회 같은 모습이었다. 내가 청년부를 맡은 이후 조금씩 새로운 사람들이 들어오기 시작하면서 청년부는 한때 30명 가까운 사람들이 모이는 엄청난(?) 규모로 성장했다. 당시 그 교회의 담임목사도 노인들이 주로 모이던 교회 이곳저곳에서 청년들이 보이기 시작하자 흥분을 감추지 못했다. 그래서 그런지 그분은 일개 파트타임 교역자였던 나를 총애했다.

그럼에도 나는 6개월이 채 못 되어 그 청년부를 그만두었다. 회사 일과 병행해야 하는 현실적인 문제도 있었지만 진짜 이유는 다른 데 있었다. 내가 청년부를 그만둔 진짜 이유는 내게 설교가 너무 쉬웠기 때문이다. 내게 설교 준비는 쉬울 뿐 아니라 너무 재미있었고 사람들 앞에서 설교하는 것은 대단히 행복하고 설레는 일이었다. 하나님의 말씀을 전한다는 엄중한 떨림 대신 사람들 앞에서 떠들고, 또 내가 떠들 때 사람들이 감탄하며 내게 주목하는 그 설교 시간이 너무 좋았다. 그러니 소풍 전날 설레는 아이의 심정으로 나는 매주 그 시간을 기다렸다.

그랬다.

언젠가 아버지가 이해할 수 없다며 한탄하던 그 어느 목사가 다름 아닌 바로 나였던 것이다.

청년부를 맡는 동안 나도 아버지처럼 나름 설교를 '힘들게' 준비하려고 의식적으로 애쓰기도 했다. 나의 장기인 감동적이고 호기심을 확 당기는 이야기들 대신 성경 말씀을 해석하고 풀어내는 설교를 위해 주석들을 뒤지며 애쓰기도 했다. 그런데 그 결과는 오히려 처참했다. 내가 힘들게 본문 중심으로 준비한 설교에 대한 청년들의 반응은 미지근하기 일쑤였다. 그러나 내가 성경 본문보다 각종 이야기를 중심으로 풀어내는 설교에는 사람들이 눈물을 쏟으며 감동받곤 했다.

내가 한 말에 감동을 받아 눈물 흘리는 상대방을 볼 때 느끼는 희열이 어떤 것인지 혹시 아는가? 그 맛은 먹어보지 않은 사람은 결코 알 수 없는 무서운 마력이다. 그 마력에 빠져 설교는 점점 더 나의 장점을 극대화하는 방향으로 나아갔다. 그러나 나는 내적으로 갈등했다. 사람들의 반응과 반비례해 이것은 아니라는 확신이 내 속에서는 더 커져만 갔다. 결국 나는 나 스스로에게 다음과 같은 진단을 내릴 수밖에 없었다.

"옥성호, 너 같은 인간이 목사하면 교회 결딴 난다. 하루라도 빨리 네 주제를 파악하고 그만둬라. 책에서 네가 비판하던 목사와 네가 뭐가 다르니?"

그랬다. 성령의 능력에 의지하기보다 나 자신의 말재주에 의존하여 설교하는 나는 결코 목사가 될 수 없는 사람이었다. 아니, 목사가 되어서는 안 되는 사람이었다. 나의 말발은 목사가 되라고 하나님이 준 재능이 아니라 내가 목사를 하면 안 된다는 사실을 알려주는 증거였다. 최소한 내게는 그랬다.

물론 내가 선천적 소질을 무시하는 것이 아니다. 반드시 말 못하는 사람이 목사가 되어야 한다는 말은 더욱이 아니다. 가장 이상적인 목사는 하나님이 주신 말 잘하는 소질과 함께 성령의 능력에 의지해 설교를 준비하는 사람일 것이다. 나는 우리 아버지가 그런 사람이었다고 생각한다. 그러나 나에겐 전자는 있으나 후자가 없었다.

'한마디로 내게는 소명이 없었다.'

그렇기에 나는 목사가 될 수 없었다. 나는 말씀의 엄중함 앞에서 무릎 꿇고 말 잘하는 소질마저 말씀 앞에 굴복시키며 설교 준비하는 목사가 될 자신이 없었다. 나는 나의 '말발'을 믿고 사람들 앞에서 떠드는 달변가 그 이상도 이하도 아니었다.

달변가에게 가장 쉬운 것이 설교다. 달변가에는 두 가지 부류가 있다. 말을 많이 하든 적게 하든 관계없이 말하는 내용 속에 포인트가 있는 달변가와 청산유수로 장시간을 떠드는데 듣고 나면 별 내용이 없는 영양가 제로의 수다쟁이 달변가다. 어쨌든 중요한 사실은 달변가는 굳이 성경 말씀이 없어도 설교를 만들 수 있다는 사실이다. 내가 바로 그런 사람이었다. 내게 설교 준비가 얼마나 쉬웠는지, 굳이 성경 말씀 없이도 얼마나 쉽게 설교와 비슷한 것들을 만들 수 있는지 다음의 예를 보면 알 수 있다. 아래 내용은 내가 『엔터테인먼트에 물든 부족한 기독교』에 실었던 이야기다.

저는 지금 막 제 책상 위에 있는 밀란 쿤데라의 『커튼』이라는 책을 집어 무작위로 펼쳤습니다. 124쪽의 첫 부분은 이렇게 시작합니다.

'감정 교육'의 프레데릭은 자신이 사랑하는 아르누 부인이 참석한 야간 사교 파티를 즐기고 난 뒤 자신의 미래에 들떠 집으로 돌아와 거울 앞에 선다. 그는 자신이 잘생겼다고 생각했다. 1분간 그는 자기 자신을 바라보고 있었다.

이 본문을 가지고 우리는 얼마든지 설교를 만들어낼 수 있습니다. 이런 설교는 어떻습니까?

자신이 사랑하는 사람과 함께 한 후 느끼는 감정의 고양은 우리의 자아상에 큰 영향을 줍니다. 우리가 나를 더 사랑하고 나를 더 아끼기 위한 중요한 방법 중 하나는 내가 사랑하는 사람과 가까이하는 시간을 늘리는 것입니다. 지금 여러분의 하루 생활을 한번 살펴보세요. 하루 중 여러분이 정말로 사랑하는 사람과 보낸 시간이 얼마나 되었나요? 지금 여러분이 느끼는 그 우울함과 답답함은 여러분이 사랑하는 사람과 많은 시간을 보내지 못했다는 사실을 보여주고 있습니다. 여러분의 행복은 여러분이 사랑하는 사람과 함께 보내는 시간의 양과 비례합니다.

이 점을 기억하며 오늘 본문을 살펴보겠습니다. 프레데릭에게 있어서 '사랑하는'이라는 단어는 아주 중요합니다. 그는 아르누 부인이 참석한 파티에 참석했습니다. 아마도 프레데릭은 평소에 자신이 사랑하는 아르누 부인이 어떤 파티에 참석했는지 면밀히 관찰했을 것입니다. 그리고 그 부인이 참석하는 파티에 적극적으로 참석했겠지요. 우리는 가만히 앉아서는 우리가 원하는 것을 가질 수 없습니다. 프레데릭과 같이 적극적으로 내가 사랑하는 사람과 함께 보낼 시간을 늘리기 위해 정보를 수집하고 시간을 투자해야 합니다. 이러한 프레데릭의 삶에 나타난 중요한 결과가 무엇입니까? 저는 오늘 본문을 바탕으로 그 결과를 두 가지로 설명하려고 합니다.

첫 번째는 사랑하는 아르누 부인과 파티에 같이 참석한 프레데릭이 새로운 미래를 꿈꾸게 되었다는 사실입니다. 본문을 보세요. 프레데릭은 어떤 마음으로 집에 돌아왔습니까? 그렇습니다. 미래에 들떠 집에 돌아왔습니다. 여러분, 지난 일주일을 한 번 뒤돌아보세요. 여러분이 미래에 들떠 집에 귀가한 적이 몇 번이나 됩니까? 우리는 이런 점에서 프레데릭으로부터 중요한 도전을 받아야 합니다. 그는 미래가 주는 희망에 가득 차 집으로 돌아왔습니다. 어떻게 그게 가능했습니까? 사랑하는 사람과 시간을 보냈기 때문입니다. 어떻게 그는 사랑하는 사람과 시간을 보낼 수 있었습니까? 적극적으로 사랑하는 사람과 시간을 보내기 위해 노력했기 때문입니다.

자, 프레데릭에게 나타난 두 번째 결과가 무엇입니까? 그는 거울을 보며 자신이 잘생겼다고 생각했다는 점입니다. 놀랍지 않습니까? 갑자기 그는 자신에 대한 놀라운 자신감이 생겼습니다. 미래에 대한 희망뿐 아니라 자신을 더욱 사랑하게 되었습니다. 어느 정도입니까? 본문을 보세요. 프레데릭은 거울 앞에 서서 자신을 바라보며 감탄하고 있습니다. 무려 1분 동안 말입니다. 이것이야말로 하나님의 특별하신 은혜입니다. 프레데릭이 이처럼 자신을 사랑하고 아낄 수 있도록 베푸신 놀라운 은혜입니다. 여러분, 1분이 짧은 것 같지요? 한번 거울 앞에 1분 동안 서 있어 보세요. 결코 짧은 시간이 아닙니다. 저는 이 설교를 준비하며 프레데릭처럼 거울 앞에서 1분을 서 있어 보았습니다. 결코 쉽지 않습니다. 그러나 프레데릭은 아마 자신의 잘생겨 보이는 얼굴에 감탄하며 1시간 동안이라도 거울 앞에 서 있을 수 있었을 것입니다. 그게 바로 은혜입니다. 오늘 이 거룩한 주일에 하나님이 프레데릭에게 허락하신 이런 은혜를 이 자리에 모인 모든 성도에게도 허락하시길 주님의 이름으로 축원합니다. 다 같이 기도하겠습니다.

하나님, 오늘 프레데릭을 통해 이처럼 놀라운 삶의 비밀을 보여주시니 감사합니다. 하나님, 프레데릭에게 주셨던 열심을 우리에게 허락하소서. 그래서 우리도 프레데릭처럼 이 힘든 세상 속에서도 미래를 꿈꾸고 또 모두가 나를 욕해도 나 자신을 더 사랑하는 사람이 되도록 은혜 베풀어주시기 바랍니다. 예수님 이름으로 기도합니다. 아멘.

저는 이 책의 어떤 페이지의 어떤 구절을 가지고도 얼마든지 이런 식의 설교를 할 수 있습니다. 이런 것도 설교라 부를 수 있다면 말입니다.

이처럼 굳이 성경 말씀이 아니라 아무 텍스트를 주더라도 말발이 되는 사람이라면 설교를 몇 개씩 쉽게 또 그럴싸하게 만들어낼 수 있다.

달변가 또는 말발 있는 사람이 설교를 준비할 때 핵심은 일단 한두 가지 대단히 유용하고 감동적인 스토리를 발굴하는 것에서 시작한다. 남들이 모르는 놀라운 스토리들을 찾아내기 위해서는 다양한 독서와 다양한 만남이 필수적이다. 그러니 하나님 앞에서 홀로 시간을 가지며 말씀 보고 기도하는 것은 자연스럽게 뒷전에 밀린다. 특히 우리나라처럼 유명인이라면 목을 매는 나라에서 유명인 관련 비하인드 스토리를 발굴하는 것은 더 효과적이다. 그러니 유명인들을 가능하면 많이 만나는 목회자가 더 감동적인 설교를 할 가능성이 커진다. 그리고 멋진 스토리가 몇 개 모이면 그 이야기에 맞춰 적절한 성경 구절을 갖다 붙이면 된다. 물론 그 방향이 반대일 수도 있다. 일단 성경 구절 하나 찾아놓고 그에 어울리는 이야기를 찾아내는 방향으로 말이다.

생각해보자. 말을 잘하는데도, 힘들게 준비하지 않아도 사람들이 감동받는 설교를 얼마든지 할 수 있는데도 그 길을 거부하고 스스로의 재능에 재갈을 물리고 설교 준비 때마다 성령의 영감을 사모하며 발버둥치는 목회자의 모습을 말이다.

'그것이 바로 목사다. 그것이 바로 좁은 길을 걷는 크리스천의 모습이다.'

그 누구보다도 목회의 길은 자신과의 처절한 싸움이다. 남이 안 가는 길을 가기 위한 절박한 싸움이다. 오늘날 목회가 과연 좁은 길인가?

과거 우리나라의 역사에서 실로 '좁은 길'이라는 단어가 어울리는 일을 찾는다면 무엇일까? 앞에서 이미 말했듯 가장 먼저 내 머리에 떠오르는 일은 일제 시대의 '독립운동가'의 길이 아닌가 싶다. 일제치하에서 부귀영화, 입신양명을 위해 독립운동가의 길을 택한 사람이 있을까? 그 처절한 길이 너무 좋고 멋져 보여 자기 자식에게도 꼭 하라고 말하는 사람이 있었을까? 독립운동가의 길을 '세습'하고 싶어했던 사람이 있었을까? 오늘날 목사의 길이 일제 시대 독립운동가의 길과 같은 좁은 길이 될 때 교회에는 희망이 있다.

목사의 길은 다른 일을 다 제쳐놓고 '설교'라는 한 단어만 보아도 매우 힘든 길이다. 정말로 좁은 길이다. 하나님의 말씀을 연구하고 그 말씀을 사람들 앞에서 선포하는 그 일이 어디 보통 일인가? 그럭저럭 책임감과 부담감을 가지고 할 수 있는 일이라고? 천만의 말씀이다. 그렇기에 사도행전에 나오는 사도들은 자신들을 따르는 사람들이 점점 많아지자 어떻게 했는가? 집사, 장로를 임명해 교회의 행정 및 다른 모든 부수적인 일들을 그들이 담당하도록 했다. 왜? 사도들은 오로지 말씀과 기도에 집중하기 위해서……. 오늘날 너무도 많은 교회가 입만 열면 "초대교회로 돌아가자"고 외친다. 그런데 초대교회의 가장 핵심이 되는 특징이 무엇인가?

'오늘날 표현으로 말해 목사는 오로지 말씀과 기도에만 전념하는 바로 그 모습이다.'

굳이 멀리 초대교회까지 갈 것도 없다. 우리 주변의 어느 정도 규모가 되는 종합병원 하나만 생각해보자. 그 병원 원장은 외과의사다. 그런데 그 병원 원장이 원장으로 챙겨야 할 각종 행정적인 일들을 다 일일이 신경 쓰면서도 과연 제대로 된 외과의사로서 임무를 제대로 할 수 있을까? 외과의사로서 가장 중요한 수술에 집중할 수 있을까? 나날이 발전하는 새로운 수술기법들을 익히고 새로운 의료기계들을 제대로 사용할 수 있을까? 이런 점에서 과연 훌륭한 외과의사와 훌륭한 병원 원장(사장)을 병행할 수 있을까?

알다시피 신학대학의 공부량과 의과대학의 공부량은 비교 자체가 우스운 일이다. 인간의 육신을 다루는 의사는 학생 때도 미친 듯이 공부해야 하고 의사가 되어서도 끊임없이 공부해야 한다. 그렇기에 제대로 된 의사라면 결코 종합병원 원장(사장)과 의사의 길을 동시에 제대로 가기는 힘들다는 점에 동의할 것이다.

이에 비해 영혼을 다루는 의사인 목사는 어떠한가? 학생 때 대충 공부해도 목사가 되는 데에는 큰 지장이 없다. 목사가 된 후 책은 끊임없이 사서 쌓아두지만 책과 씨름하며 매 순간 발버둥치는 의사에 비해 그 중압감 또한 훨씬 덜할 것이다. 결국 말씀에 집중하는 목사의 길이 그다지 힘들지 않기에 목사가 한 교회를 운영하는 사장의 일과 말씀을 준비하는 목사의 일, 이 두 가지 일을 병행하는 것이 가능하지 않을까?

제대로 되어 있지 않은 영혼의 의사는 엉터리 의사가 환자를 망치는 것처럼 영혼을 병들게 한다. 지금 되돌아볼 때 나의 아버지도 이 점이 아쉽다. 그분이 사랑의교회에서 사역할 당시 더 말씀과 기도에 집중하고 교회 운영과 관련한 일들을 온전히 전문가에게 넘기지 못한 점 말이다.

그래, 알고 있다. 지금 나의 이야기가 얼마나 이상적인 희망 사항인지, 오늘날 교회의 현실에 비추어 얼마나 황당한 이야기인지 말이다. 그러나 솔직히 이야기하자. 다시 말하지만 그게 성경의 원칙, 그토록 교회들이 말하기 좋아하는 초대교회, 교회 모습의 본질이 아닌가 말이다.

나는 못난 사람이라 목사의 좁은 길을 가고 싶지도 않고 갈 자신도 없다. 그러나 그 길을 지금 걷고 있는 사람들, 또는 이제 걸으려고 하는 사람들은 그 길이 좁은 길이기에 세상의 기준과 반대되는 영광의 길임을 알았으면 좋겠다. 남들이 칭찬하고 부귀영화를 누리기 때문에 만나는 어설픈 영광의 길이 아니라 좁은 길이기에 만날 수밖에 없는 진짜 영광의 길임을 알았으면 좋겠다. 그게 자신이 없다면 그들도 나처럼 목사가 아닌 다른 길을 찾기 바란다. 그것이 자신도 살고 다른 사람들도 살리는 길이다.

17.
침묵의 카르텔,
닥치고 아멘!

행여 지금 당신은
'은혜'라는 이름으로
침묵의 카르텔에 동조하고 있는가?

얼마 전 전병욱 목사가 서울에서 개척 교회를 준비하고 있다는 소문을 건너 건너 들었다. 나는 전 목사의 재기를 진심으로 바란다. 그러나 재기 전에 도대체 무슨 일이 있었는지, 그 진실 규명이 있어야 한다. 뭐든지 은혜라는 이름으로 '좋은 게 좋은 거지' 하는 식의 침묵의 카르텔이 지배하는 한국 교계의 슬픈 자화상을 우리는 아이러니하게도 가장 많은 젊은이가 모인다는, 가장 젊은 교회로부터 가장 극명하게 목격하고 있다. 슬프고도 답답한 일이다.

몇 년 전이었던 것 같다(이 글은 2010년 12월쯤, 한참 전 목사 문제가 언론에 보도되기 시작할 때 쓴 글이다).

영국에 유학 갔던 아들을 잃은 아버지를 취재한 한 텔레비전 시사 프로그램을 보았다. 영국에서 불의의 사고로 죽은 아들의 죽음을 둘러싼 의혹들을 풀기 위해 생업을 포기하고 말도 통하지 않는 영국의 관공서를 다니며 고군분투하는 아버지에 대한 이야기였다.

그리고 또 몇 해 전, SBS의 "그것이 알고 싶다"에서는 군대에서 의문사한 김훈 중위와 그의 죽음에 관한 의혹을 파헤치는 한 아버지의 이야기를 방영했다. 자신의 생명과도 바꿀 수 있을 만큼 자랑스러운 아들이 총에 맞아 싸늘한 시신이 된 지 이미 10년이 지났지만 그 아버지는 아들의 죽음을 둘러싼 진실을 밝히기 위해 외로운 싸움을 계속하고 있었다.

방송을 보던 누군가는 이렇게 물었을지도 모르겠다.

"왜들 저러지요? 저런다고 죽은 사람이 살아오나요? 죽은 아들이 다시 살아온다고 하면 십 년, 백 년이고 싸우겠지만 죽은 사람은 돌아오지 않잖아요? 그런데 왜 저러는지 이해가 안 가네요."

그럴 것이다. 그렇게 말하는 사람은 결코 이해할 수가 없을 것이다. 왜냐하면 가족이 아니니까. 영국에서 이유를 모른 채 죽은 그 유학생의 아버지도 아니고, 외진 한 벙커에서 죽어간 김훈 중위의 아버지도 아니니까.

"산 사람은 살아야 하지 않나요? 이제 살아남은 우리가 죽은 자의 몫까지 감당할 수 있도록 더 열심히 살아야 하지 않나요?"

이렇게 말하는 사람의 그 냉정하고 명철한 논리는 그 사람이 죽은 자의 가족이 아님을 증명할 뿐 그 이상도 이하도 아니다. 한편으로 생각해보자. 정말로 왜 그럴까? 왜 그 가족들은 무모하고 이길 수 없을 것 같은 그런 외로운 싸움을 하는 것일까?

'왜냐하면 그들은 사랑하기 때문이다.'

영국 유학생의 아버지는, 김훈 중위의 아버지는 자기 아들을 자신보다 더 사랑하기 때문이다. 사랑하기에 그들에게는 사랑하는 아들을 둘러싼 '진실'이 그들의 사랑의 무게와 동일하게 중요한 것이다. 진실을 알고자 하는 욕망은 그 진실을 둘러싼 대상이 얼마나 내게 중요한가의 정도와 비례하다.

언젠가 삼일교회 게시판에서 약 두 시간의 시간을 보냈다. 워낙 많은 글이 올라와서 다 읽는 데 그 정도의 시간이 걸렸다. 대부분의 글이 전병욱 목사를 그리워하고 격려하며 또한 그의 빠른 복귀를 바라는 내용이었다. 나는 그래도 그 많은 글 중에서 최소한 어느 정도만큼은 '도대체 무슨 일이 일어났는가?'를 진지하게 묻는 글이 있으리라 기대했다. 너무도 당연하지 않은가? 정말로 전 목사가 그들에게 그토록 소중한 존재라면 그에게 도대체 무슨 일이 있었던 것인지 알고 싶은 것이 당연하지 않은가? 그런데 그런 글들은 거의 찾을 수 없었다. 어쩌면 많은 이가 전 목사와 관련해 발생한 사건을 놓고 다음과 같이 생각하기 때문인지도 모르겠다.

첫째, 알고 싶지 않다. 나와 상관없다. 무슨 일이 있었든 이미 벌어진 과거의 일 아닌가? 과거를 바꿀 수 있는가? 그러니 과거 이야기에 왜 에너지를 쏟는가? 오늘과 내일을 이야기하자.

둘째, 알고 싶지 않다. 진실이 두렵다. 그것을 알아서 내 신앙에 도움이 안 된다. 실제로 다윗과 같은 일이 있었다면 나는 앞으로 어쩌란 말인가?

셋째, 뻔하다. 그런 추행이 있었을 리가 없다. 내가 목사님을 너무 잘 안다. 그러니 물을 필요조차 없다. 목사님은 어떤 의미로 그냥 희생양일 뿐이다.

이런 마음은 다음과 같이 '성숙한 영적 언어'들로 표현된다.

사랑하자.

은혜로 덮자.

하나님만이 판단하신다.

너희 중에 죄 없는 자가 돌을 들어라.

너희가 마음으로 지은 죄와 전 목사님이 겉으로 지었을지도 모를 그 죄가 뭐가 다르냐?

하나님 앞에서 너는 얼마나 잘났냐?
정죄할 마음이 있으면 집에서 문 닫고 기도해라.

나는 이렇게 생각하는 이들에게 말하고 싶다.
"만약 전 목사님과 무슨 일이 있었다는 그 여자가 당신의 누이, 당신의 딸, 또는 당신의 아내였다고 해도 같은 말을 하겠습니까?"
그렇지 않을 것이다. 나는 또 이렇게 묻고 싶다.
"전 목사님이 당신의 남편, 당신의 오빠, 당신의 아들이라고 해도 이처럼 그냥 눈 감고 있을 수 있습니까?"
결코 그렇지 않을 것이다. 정말로 일설처럼 단순한 '어깨 안마 요청'을 성추행으로 받아들인 한 여자가 이런 소동을 일으켰다면, 그것이 진실이라면 우리는 어떻게 해야 하는가?
첫째, 그 여성에게 필요한 정신과 상담 등의 전문적인 도움을 주어야 한다. 앞으로 그 여자가 살면서 이런 말도 안 되는 성추행 주장을 더 이상 하지 않게끔 말이다.
둘째, 무엇보다 전 목사도 그런 일을 가지고 본인이 잘못했다는 그런 '고백'을 해서는 안 된다. 상황에 따라 안마 정도의 부탁은 얼마든지 할 수도 있다. 전 목사가 누구보다 앞장서서 오해를 풀기 위해 싸워야 한다.

그러나 나는 이것이 결코 사건의 진실이 아니라고 생각한다. 그렇다면 도대체 무슨 일이 있었던 것인가? 이것이 핵심이다.

'정말로 전 목사를 사랑하는 사람이라면 그 질문이 핵심이 되어야 한다.'

성경은 진실을 드러내는 데 인색하지 않다. 성경은 하나님의 마음에 합한 사람이라는 말까지 들었던 다윗이 어떤 짓을 했는지 구체적으로 또 낱낱이 드러낸다. 누군가는 이렇게 말할지도 모른다.

"하나님의 마음에 합한 자, 꼴좋다. 하나님의 마음에 합해도 뭐 별 수 없구먼."

성경은 이런 비난을 받는 것을 두려워하지 않는다. 중요한 것은 있는 그대로 진실을 드러내는 것이니까.

한국 교회는 전 목사가 이렇게 추락하도록 놔둬서는 안 된다. 무엇이 추락인가? 진실이 철저히 은폐되고 마치 아무 일도 없었다는 듯 또 다른 가면무도회를 시작하는 것이 바로 추락이다. 그가 다시 교회에서 사역을 시작하고 교인이 갑절로 늘지라도 그것은 추락이다. 기독교의 주장이 정말로 '진리'라면 말이다.

'진실을 드러내고 그 드러난 진실 위해서 우리는 새롭게 시작해야 한다.'

그 새로운 시작이 절망이든 아니면 용서와 회복이든 모든 것은 진실에서 시작되어야 한다. 왜 케케묵은 일제 시대의 친일파 청산이 의미가 있는가? 진실을 외면하면서, 있었던 일을 없었던 것처럼 여기면서 역사를 이야기할 수 없기 때문이다. 지금 우리가 여기서 이야기하는 것이 무엇인가? 역사를 움직이는 진리 아닌가?

전 목사의 문제는 그 시작부터 목사 개인의 문제가 아니다. 작게는 삼일교회의 문제이고 크게는 한국 교회 전체의 문제다. 그와 가장 많은 시간을 보냈을 삼일교회의 당회를 비롯한 관계자들, 그와 호형호제하며 교제했을 여러 목사들, 그들이 발 벗고 나서서 진실을 밝혀야 한다. 그리고 함께 울고 함께 일어나야 한다. 지금 한국 교회는 전 목사 같은 열정적인 사역자를 잃기에는 너무도 상황이 좋지 않다. 그러니 나는 진심으로 전 목사가 돌아오기를 바란다. 그의 복귀는 진실의 바탕 위에서 이루어져야 한다.

항상 위기 속에 '기회'가 숨어 있다. 그것이야말로 눈물 속에 하나님께서 숨겨놓으신 '섭리'이자 '은혜'다. 우리는 오늘 위기 속에 또 한 번 기회를 맞았다. 이 기회를 살려야 한다. 이런 위기와 기회를 앞에 놓고 진실을 바로 드러내고 그 위에서 하나님의 긍휼의 꽃을 피우고자 하는 우리의 용기와 열망은, 하나님의 진리를 향한 우리 마음의 크기와 비례할 것이다.

그러나 그렇게 하지 못한다면 뻔하다. 무슨 일이 있을 때마다 '은혜'라는 이름으로 침묵의 카르텔을 형성하고 여전히 펄쩍펄쩍 뛰며 주일마다 예배라는 이름의 가면무도회 속에서 흥분에 빠진다면, 한국 교회는 머지않아 한국 사회에서 가장 야만적이면서도 생뚱맞은 '외로운 섬'으로 전락할 것이다. 이 암울한 미래는 지금 우리 눈앞에 다가와 있다.

18.
아! 우리에게는
목사가 너무 많다

왜 육체를 다루는
의사 되기는 그토록 힘든데
영혼을 다루는
의사 되기는 이토록 쉬울까?

단 한 명의 교황만 있던 가톨릭에서 일어난 종교개혁은 500년이 지난 오늘 이 땅에 한 명이 아닌 여러 명의 교황이 즐비한 한국식 개신교로 발전했다. 루터는 한국의 대형 교회마다 한 명씩 들어앉은 교황들을 보며 무슨 생각을 할까?

누군가가 한국 교회의 가장 큰 문제 하나를 꼽으라고 한다면 나는 서슴없이 이렇게 말하겠다.
"목사가 너무 많아요."
목사가 너무 많다는 말은 어떻게 바꿀 수 있을까?
"목사 되기가 너무 쉬워요."
목사 되기가 쉬우니까 목사가 많을 수밖에…….
우리나라처럼 식당이 많은 나라도 별로 없을 것이다. 왜 그럴까? 그나마 다른 업종에 비해 식당을 여는 게 쉬워서가 아닐까? 그러니까 조기 퇴직을 한 많은 사람이 너도나도 식당을 차리는 것이다.
지금은 많이 바뀌었지만 88올림픽을 전후로 우리나라에

는 비디오 가게가 급증했었다. 한때 인구가 1억이 넘는 일본보다 더 많은 비디오 대여점이 우리나라에 있었다. 왜? 비디오 대여점이야말로 식당과는 비교할 수 없을 정도로 별다른 기술 없이 가장 편하게 창업할 수 있는 아이템이었으니까.

나도 그 열풍에 뒤늦게 뛰어들어 이미 여섯 곳의 비디오 가게가 들어서 있는 300미터 남짓한 골목에 일곱 번째 비디오 대여점을 차리고 들어갔다. 그리고 얼마 안 되어 그 골목에서 가장 먼저 망하고 나왔다.

현재 우리 개신교에는 거의 300개에 달하는 교단들이 있다. 그 각 교단이 운영하는 신학교에서 배출하는 목사 후보생들의 수는 1년에 거의 만 명에 달한다고 한다. 목사가 되는 정통 교단에서 정식 코스를 밟는다고 할 때 정규 대학을 나오고 3년의 신학대학원을 마치고 1, 2년의 실제 목회 경험을 한 후에야 비로소 목사 시험을 보고 목사가 될 수 있다. 꽤 시간이 걸리는 과정이다. 이런 정식 수련 과정을 거쳐 배출되는 목사들만 해도 내가 보기에 결코 적지 않은 수, 1년에 4천 명 정도라고 한다.

그런데 문제는 정식 교단이 운영하는 신학교들보다 훨씬 더 많은, 400여 곳에 달하는 무인가 신학교들이다. 이런 곳들은 통신을 통해서도 훨씬 짧은 기간에 얼마든지 목사가 될 수 있는 방법을 제공한다.

이 상황은 각종 분교 등의 형태로 미국에 위치한 한국 신학교에서 더 심각하다. 각종 희한한 단기 코스를 통해 1개월이면 일반 신학교에서 2, 3년 걸리는 조직신학을 마스터하도록 되어 있다. 상대적으로 쉬운 이런 과정을 통해 배출되는 목사가 1년에 5, 6천 명에 달한다.

나는 몇 년 전 미국에만 만 명에 가까운 한국 목사들이 있다고 들었다. 그중에는 당연히 학생들도 많지만 동시에 이런저런 이유로 미국에 정착했지만 일할 곳을 찾지 못한 목사들도 상당수 있다.

생각해보자. 매년 만 명에 달하는 목사 후보생들이 신학교에서 쏟아져 나오고 거의 그 수에 버금가는 목사들이 안수를 받는 오늘날 우리 한국 기독교를 말이다. 정말로 누가 보아도 목사가 너무 많다는 사실에 동의할 것이다. 주변에 친인척 중 목사 한두 명 없는 사람을 찾기가 힘든 것이 오늘의 현실이다. 목사 되는 것이 힘들다면 결코 일어날 수도, 일어나지도 않았을 상황이다. 목사 되는 것이 얼마나 쉬운지 살펴보기 위해 가톨릭에서 신부가 되는 과정을 한번 간단히 살펴보자.

가톨릭 신부가 되기 위해서는 최소 1년의 예비 신부 과정을 거치고 군대 기간을 포함해 10년에 걸친 신학교 과정을 마쳐야만 한다. 예비 신부 과정을 마치고 신학교에 들어간 신부 후보생들은 2년간 인터넷, 핸드폰 등등 각종 개인생활에 대한 철저한 제한을 받으며 신학교 안에서 공동체생활을 한다. 그리고 2학년을 마친 후 같은 학년 간의 공동체 유지를 위해 일괄적으로 군대에 간다. 제대 후 1년을 국내외 어려운 현장에서 선교 및 봉사 활동을 하며 보내야 비로소 3학년으로 복학할 수 있다. 그 후 몇 년에 걸친 혹독한 수업을 받는다. 수업 중에는 불교에 대한 심층 과정도 있다. 이후 7학년에 들어가면 부제품副祭品을 받고 그때부터 비로소 성직자로 불리게 된다. 너무도 당연하겠지만 이 10년에 걸친 과정에서 적지 않은 수가 중도에 탈락한다.

불교 역시 승려가 되기 위해서는 최소 3년에서 수십 년에 걸쳐 이뤄지는 수행을 거쳐야 한다. 불교는 하나의 일관된 시스템 하에 움직이는 가톨릭과 달리 몇 개의 대표적인 종단마다 조금씩 승려가 되는 과정이 다르기는 하지만 그 어디에도 단기 속성의 승려 과정은 없는 것으로 알고 있다.

또 생각해보자. 왜 연예인들 중 누가 봐도 공부와 별 상관이 없어 보이는 사람, 또는 환갑이 훨씬 넘었는데도 목사가 되는 사람들을 요즘도 심심찮게 만날 수 있을까? 왜 감옥에 있던 사람들 중 뜬금없이 목사가 되는 사람들이 그렇게 많은가? 왜 우리 주변에는 50, 60이 넘어 사업이 망했든 은퇴를 했든지 간에, 적지 않은 나이에도 신학교에 가서 목사가 되는 사람들을 자주 볼 수 있을까?

나는 연예인들 중에 승려나 신부가 되었다는 사람을 들은 적이 없다. 그리고 감옥에 갔던 사람들 중에서도 승려나 신부가 되었다는 이야기를 듣지 못했다. 50, 60이 되어 갑자기 진로를 바꿔 승려나 신부가 되었다는 이야기도 들은 적이 없다. 오로지 목사가 되었다는 사람들만이 넘칠 뿐이다. 왜 그런가?

'목사 되기가 정말 쉽기 때문이다. 역으로 승려나 신부가 되는 것은 어렵기 때문이다.'

나날이 늘어만 가는 목사들……. 그들은 다들 이구동성으로 외친다. 하나님의 부름을 받아, 소명을 받아 목사가 되었다고……. 그런데 왜 하나님께서는 그들에게 소명만 주시고 생계를 유지할 수 있는 길은 주시지 않는 것일까? 왜 수많은 목회자가 어쩔 수 없어 생계를 위해 빚을 얻어 가면서 개척을 해야만 하는 것일까? 하나님이 주신 분명한 소명으로 선 교회들이 매년 수도 없이 망하는 현실을 우리는 어떻게 이해해야 할까? 게다가 교인수에 따른 권리금까지 주장하는 교회 매매가 지금도 이뤄지고 있는 현실을 어떻게 이해해야 할까?

이렇게 목사들이 많고 그만큼 경쟁이 치열하니, 안정된 생활을 보장하는 대형 교회의 매력은 점점 더 커질 수밖에 없다. 왜 많은 목사가 대형 교회 부교역자 자리에 목을 매는가? 대형 교회에서 자리를 잘 잡으면 다음 두 가지의 길이 가능하기 때문이다.

'우선 모교회의 후원을 통한 안정적인 개척 또는 다른 교회로 청빙이 수월해진다.'

이 두 가지 길은 결코 쉽게 얻을 수 없다. 대형 교회에 오래 있었다는 이유로 누구에게나 자동적으로 주어지는 길이 아니다. 어떻게 해야 가능한가? 물론 가장 중요한 것은 본인의 자질이다. 하지만 그 이상의 중요한 조건이 있다.

'바로 담임목사에 대한 철저한 순종이다.'

위에서 말한 두 길은 모두 담임목사의 후원 없이는 사실상 불가능하기 때문이다. 왜 대형 교회들의 문제가 끊임없이 터지고 있는가? 간단하다.

'아무도 담임목사에게 쓴소리를 할 수 없는 시스템이기

때문이다.'

부교역자들은 자신의 밥그릇과 미래 때문에 아무 말도 못 하고 장로들은 감히 하나님의 종이기에 아무 말도 못 한다. 이러니 그 결과란 뻔한 것 아닌가?

목사의 수가 늘어나고 그만큼 먹고살기가 힘들어지면 애초에 하나님의 종으로 평생을 살고자 했던 사람들도 어느새 사람의 종이 되게 마련이다. 막말로 인생 문제 대부분은 밥그릇에서 비롯된다. '내가 밥그릇 걱정만 안 할 수 있다면 지금 당장 저 인간 얼굴 안 보게 이 회사 당장 때려치우지' 하는 생각을 하는 사람이 대부분 아닐까? 하지만 대개는 못 그런다. 먹고살아야 하니까. 밥그릇은 그만큼 중요하고 또 어떤 의미에선 신성하기까지 하다. 내가 그 가치를 부정하는 것은 아니다. 하지만 목사라면 좀 달라야 하지 않나?

'그래도 밥그릇 유지의 수준을 벗어나고자 하는 발버둥이 조금은 있어야 하지 않나?'

그렇기에 목사가 되는 길은 그 어떤 길보다도 어렵고 힘해야 한다. 그런데 그 길이 지금은 세상에서 가장 쉬운 길 중 하나가 되어버렸다.

그 결과 자기 밥그릇을 위해서라면 무슨 짓이라도 할 수 있는 목사들이 차고 넘치는 세상이 되었다. 그래서 말할 수 없이 힘들게 목사가 되고 누구에게도 말할 수 없을 정도로 힘들게 그 길을 걷는 사람들까지도 다 '먹사'라는 이름으로 도매금 취급받는 비극이 발생하고 있다.

해결책은 뭘까? 어떻게 해야 목사 되는 길이 힘들고 좁아질 수 있을까? 어떻게 해야 정말로 자신을 부인하고 사람의 눈치를 보지 않고 하나님 앞에서 양심을 지키는 사람들만이 목사가 되는 세상이 올 수 있을까?

현재로서는 전혀 방법이 없어 보인다. 교단이 이렇게 많고 그 모든 교단을 하나로 묶는 통합 기관이 존재하지 않는 한 답은 없다. 개신교의 특성상 그런 통합은 거의 불가능하다. 앞으로도 새로운 교단은 계속 생길 것이다. 그리고 그 신생 교단은 교세를 확장하기 위해 신학교를 세울 것이고 신학교 유지에 꼭 필요한 등록금 확보를 위해 최대한 너그럽게 학생들을 선발할 것이다. 그리고 그들이 최대한 쉽게 목사가 되도록 가르쳐 하루라도 빨리, 한 명이라도 더 많은 목사를 배출할 것이다. 그렇게 배출된 목사가 자기네 교단의 이름으로 하나라도 더 많은 교회를 세워주기 바라면서 말이다.

그렇다. 이런 상황에 다른 길은 없다.

'교회를 다니는 우리 성도들의 수준이 올라가는 길 외에는 그 어떤 다른 길도 없다.'

부패하고 수준 낮은 정치인을 사라지게 하는 데 의식 있는 국민들의 힘 외에 그 어떤 다른 길도 없듯이 말이다.

좀 과장되게 느낄 수도 있겠지만 한 가지 예를 들어보자. 어느 날 정부에서 고등학교를 졸업하고 2년이면 마칠 수 있는 속성 의료 과정만 졸업하면 누구나 다 의사가 될 수 있도록 했다고 치자. 너도나도 의사가 되고 수술도 한다. 의사가 늘어나 병원이 많다 보니 서비스는 좋아지고 의료비는 점점 더 싸지는 것 같다. 그래서 좋아하는 사람들도 있을 수 있다. 그러나 그 결과 어떻게 될까? 고등학교 졸업 후 2년 단기 속성 의료 과정을 마친 의사들이 차고 넘치는 이 나라에 무슨 일이 생길까? 그 결과란 불 보듯 뻔하다.

거듭 말하지만 우리는 목사를 '영혼의 의사'라고 한다. 왜 육체를 다루는 의사 되기는 그토록 힘든데 영혼을 다루는 의사 되기는 이토록 쉬울까? 엉터리 영혼의 의사들이 차고 넘치는 오늘날 우리가 치르고 있는 대가가 무엇인가? 엉터리 육신의 의사를 만나는 것 이상으로 문제가 더 크고 심각하다고 생각하는 것은 나만의 착각일까?

19.
초록물고기
혹은 조롱물고기

교회는 오늘도
세상을 모방하겠다고
헐떡이며 기를 쓰고 있다.

이 글을 쓸 때만 해도 한석규가 〈뿌리깊은 나무〉로 보기 좋게 재기하리라고는 전혀 예상하지 못했다. 팬으로서 늘 그의 부활을 바라기는 했지만……. 이제 그에게 남은 과제는 영화배우로서의 재기다. 이번 〈뿌리깊은 나무〉가 아주 오래전 도약의 발판이 되었던 〈서울의 달〉과 같은 역할을 했으면 좋겠다. 하지만 뭐, 당장 그렇게 안 되면 또 어떠랴? 어차피 그는 남은 생애 동안 계속 연기할 것이고 그에게는 아직 많은 시간이 남아 있을 터이니…….

내가 아주 좋아하는, 딱 다섯 손가락 안에 드는 영화배우들 중 한 사람이 바로 한석규다. 그래서 한석규가 출연한 영화는 안 본 것이 없다. 2000년이 되기 전까지 한석규는 한국 영화계의 흥행 보증 수표였다. 그가 출연한다는 사실만으로도 영화는 100퍼센트 성공할 수 있었으니까. 그가 2000년이 되기 전까지 출연한 영화들을 잠시 살펴보자.

- 〈닥터 봉〉 1995 : 본격적인 로맨틱 코미디 영화의 서막을 알린 작품.

- 〈은행나무 침대〉1996 : 한국형 판타지의 서곡이 된 작품.
- 〈초록물고기〉1997 : 사람 마음을 움직이는 스토리의 힘이 무엇인지 알게 한 작품.
- 〈접속〉1997 : 당시로는 신선하고도 파격적인 소재, 사이버 세상에서의 만남을 영화화한 작품(제목 '접속'은 여러 의미에서 묘한 여운을 남긴다).
- 〈넘버 3〉1997 : 한국형 블랙 코미디의 수작.
- 〈8월의 크리스마스〉1998 : 한국적 서정성의 극치를 보여준 작품.
- 〈텔 미 썸딩〉1999 : 그동안 출연한 영화들 중 가장 애매모호하지만 심은하와 공동 주연한 것만으로 흥행 요소를 갖춘 작품.
- 〈쉬리〉1999 : 한국형 블록버스터의 시초로 한국 영화 사상 최다 관객 동원 기록을 세운 작품(개인적으로는 가장 시시했던 영화다).

위 영화들은 모두 흥행 성공작들이다. 더러는 신기록까지 달성한 이 영화들을 통해 우리는 흥행보다 더 중요한 사실을 짚을 수 있다. 그것은 각각의 영화가 당시 모두 나름대로 새로운 방향 또는 트렌드를 만들 정도의 역작이었다는 점이다. 그 중심에 한석규가 있었다.

그런데 어느 날부터인가 한석규는 휴식에 들어갔다. 막동이 영화사였던가? 그는 영화사를 만들고 영화사를 통해 시나리오를 공모하며 재충전의 시간을 가졌다. 그렇게 그는 3년 공백 끝에 〈이중간첩〉 2002을 들고 다시 우리 앞에 섰다. 〈이중간첩〉 이후 그는 더 이상의 공백 없이, 또 장르를 가리지 않고 많은 영화에 출연했다. 〈주홍글씨〉 2004, 〈미스터 주부퀴즈왕〉 2005, 〈그때 그사람들〉 2005, 〈구타유발자들〉 2006, 〈사랑할 때 이야기하는 것들〉 2006, 〈백야행 - 하얀 어둠 속을 걷다〉 2009 등 코미디에서부터 미스터리, 드라마, 게다가 사회성 짙은 영화에 이르기까지 다양한 작품에서 한석규를 만날 수 있었다.

그는 〈사랑할 때 이야기하는 것들〉을 찍으면서 어쩌면 〈8월의 크리스마스〉를 생각했을지 모른다. 〈그때 그사람들〉과 〈구타유발자들〉에 출연하면서 〈넘버 3〉를 떠올렸을지도 모른다. 〈미스터 주부퀴즈왕〉을 통해 제2의 〈닥터 봉〉을 기대했을지도 모른다. 〈이중간첩〉에서 〈쉬리〉의 영광을, 〈주홍글씨〉에서 〈텔 미 썸딩〉과 같은 센세이션을 바랐는지도 모른다. 그러나 이 영화들 중 그 어떤 것도 그에게 과거만큼의 영광을 가져다주지 않았다. 다시 말해 이 영화들 중 어떤 작품도 이른바 그때만큼 '흥행'에 성공한 것은 없다.

비록 그때가 과거라고 하더라도 그 시간이 엄청난 과거도 아닐 텐데……. 고작 10년도 채 안 되는 과거일 뿐인데 말이다. 짧다면 짧고 길다면 긴 그 시간이 너무도 많은 변화를 몰고 왔다. 그의 공백기 3년간 세상은 너무 많이 바뀌었다. 한때 한석규 사단으로 불리던 최민식과 송강호는 이제 한석규를 한참 뛰어넘은 영화계의 거목이 되었다. 그렇다. 한석규는 2000년이 되기 전까지 영화계의 흐름을 주도하던 사람이었다. 그러나 21세기의 10년이 지난 지금, 그는 영화계의 흐름을 힘겹게 쫓아가야 하는 처지가 되었다. 그는 지난 몇 년간 '흥행의 성공 코드'를 찾으려고 애쓰는 기색이 너무도 역력하다. 영화계와는 아무런 상관이 없는 내 눈에도 그게 보일 정도다.

〈백야행 - 하얀 어둠 속을 걷다〉를 보고 나는 알았다. 영화배우 한석규가 무엇을 어떻게 해야 하는지 잘 모르고 있다는 사실을 말이다. 무엇이 흥행을 가져오는 영화인지 여전히 감을 못 잡고 있는 듯했다. 과거에는 굳이 흥행 따위에 신경 쓰지 않아도 찍기만 하면 관객은 자연히 몰려왔다. 그러나 이제 그에게 흥행은 아무리 잡으려고 애써도 잡히지 않는 무지개 끝의 무언가가 되어버린 듯하다.

우리가 눈여겨봐야 할 포인트는 바로 이것이다.

'비범함과 평범함을 가르는 것은 다름 아닌 트렌드를 이

끄느냐 쫓아가느냐, 그 차이에 달려 있다.'

유일무이할 만큼 트렌드를 이끌었던 한석규는 이제 변화를 쫓아가는 수많은 사람 중 한 명이 되었다. 그는 이제 더 이상 새롭지도 않고 사람들에게 놀라움을 주지도 않는다.

영화배우 한석규를 보면서 나는 지금의 교회를 떠올린다. 세상을 쫓겠다고, 그들을 모방하겠다고 헐떡이며 기를 쓰는 교회를 보자면 나는 참으로 답답하다. 세상을 따라 하지 못해 안달이 난 교회일수록 스스로 '앞서가는 교회'라고 허세를 부린다. 요즘 교회는 이 세상에 없는 것, 세상 사람들에게 상상도 못할 것을 제공하여 세상을 이끌겠다는 꿈을 이미 오래전에 포기했다. 이제 어떻게 하면 좀 더 세상을 잘 쫓아갈까, 여기에 목을 매고 있을 뿐이다. 쫓는 사람은 최고로 잘해야 2등이다. 죽어라 해도 1등은 할 수 없다. 있는 힘을 다해 만들어봤자 그저 비슷한 '짝퉁'일 뿐이다.

최근, 지인 중 한 명이 '최첨단'이라는 말을 붙여도 좋을 미국 시카고의 윌로크릭 교회에 나가고 있다. 그가 다니는 이유는 간단하다. 매주 한 번씩 공짜로 멋진 음악 공연을 감상할 수 있기 때문이다. 하지만 윌로크릭 교회가 아무리 열심히 만든다고 해도, 미국 가수들은 제쳐두고라도, 우리나라 가수 비나 이효리의 공연만 할까? 비록 교회 차원에서 볼 때 일류일지 몰라도, 윌로크릭 교회 같은 곳에서조차 '하나님' 이름을 팔아 죽어라 해봤자 전문 가수 공연에 비하면 잘해야 이류 수준의 공연일 뿐이다.

'오리지널 초록물고기를 찍을 자신이 없는 교회는 오늘도 열심히 그 짝퉁 같은 영화, 조롱물고기를 찍고 있다.'

교회가 찍어대는 이런 '조롱물고기'의 사례는 너무도 많다. 그 일례로, 얼마 전 나는 한 일간지에서 "나는 CCM 가수다"라는 오디션 광고를 보았다. 참으로 기가 막힐 노릇이다.

세상에서 가장 불쌍한 이는 어쩌면 남들은 아무도 인정하지 않는데 자기만 스스로 아주 뛰어나다고 생각하는 사람일지 모르겠다. 같은 맥락이다. 교회 밖에서는 아무도 그렇게 생각하지 않는데 스스로는 자신이 교회를 넘어 사회 지도자라고 생각하는 목회자들을 심심찮게 만날 수 있다. 답답한 일이다.

나는 영화배우 한석규의 카리스마가 다시 찬란하게 빛을 발하는 작품, 그런 영화가 분명히 나오리라고 확신한다. 나는, 한석규의 전성기는 아직 시작되지도 않았다고 믿는 사람이니까. 그가 그날을 만나기 전까지 부디 지치지 않기만을 바란다.

PART 3

이제는 '갑각' 탈피

20. 김연아라면 어떻게 했을까?
21. 나에게는 기독교가 가장 효과가 있어요
22. 내려놓는 투자
23. 충분한 기독교를 향한 나의 실험
24. 아! 내 안에 천국은…

20.
김연아라면
어떻게 했을까?

핵심은
예수 그리스도를
제대로 아는 것이다.

예수님이야말로 오늘날 '귀에 걸면 귀걸이, 코에 걸면 코걸이' 식 이야기들의 가장 큰 희생자다. 예수님의 이름을 들먹이며 자신의 뜻을 관철시키기 전에 그분을 제대로 알려는 노력을 하자. 복음서에 등장하는 예수님의 '진짜 관심사'가 무엇이었는지, 예수님의 '진정한 특징'들은 무엇이었는지 눈을 뜨고 성경을 제대로 읽어보자.

내가 중학교 때 크리스천들 사이에서 인기를 끌던 책 한 권이 있었다. 바로 『예수님이라면 어떻게 하실까』 In His Steps 라는 책이었다. 이 책의 요지는 이렇다. 미국 어느 마을에서 교회 다니는 사람들이 어떤 행동을 하기 전에 항상 다음과 같이 스스로에게 물었다고 한다.

"예수님이 지금 나의 처지라면 과연 어떻게 행동하셨을까?"

스스로에게 이 질문을 던지고 그 질문에 대해 솔직하게 마음에 떠오르는 대로……. 다른 말로 하면 성령님이 주시는 음성대로……. 그렇게 순종하며 행동하게 되자 그 마을은 한마디로 아주 '살기 좋은' 마을이 되었다는 이야기다.

그 당시, 하기 싫은 공부 대신 샘솟는 열정을 어딘가에 폭발시키지 않고는 살 수가 없었던 이른바 그 '질풍노도의 시기'에 내 열정의 대상은 다름 아닌 교회였다. 나는 정말로 거의 매일 교회에 가서 살다시피 했다. 학교를 갔다 오면 대충 숙제를 해놓고 교회에 갔다. 정말로 지금 생각하면 사무엘 선지자의 어린 시절과 별반 다르지 않았다. 차이가 있다면 우리 어머니는 한나와 달리 내가 교회에서 그렇게 만판 사는 모습을 별로 좋아하지 않았다는 것 정도일까? 아무튼 교회에 아무 행사가 없는 날에도 교회를 거의 매일 갔지만 예배가 있거나 무슨 집회가 있는 날은 하루 종일 오로지 예배와 집회 생각만 하면서 살곤 했었다. 속된 말로 정말 '열심'이 '특심'이었다. 그랬던 나였기에 당시 『예수님이라면 어떻게 하실까』라는 책은 엄청난 자기 성찰을 불러일으킨 충격적인 책이었다. 중학교 3학년 때 읽은 또 하나의 짧지만 의미 있는 책, 『파인애플 스토리』 The Pineapple Story와 더불어 이 책은 실로 내게 엄청난 도전과 동시에 또한 큰 좌절을 함께 가져다준 책이기도 했다. 지금도 생생하게 기억난다. 나는 『예수님이라면 어떻게 하실까』를 읽은 후 마음 가득히 차오르는 뜨거운 도전을 이기지 못하고 친구들에게 다음과 같이 선언했다.

"얘들아, 나는 앞으로 무슨 일을 해도 '예수님이라면 어떻게 하셨을까'를 생각하면서 할 거야."

지금 생각하면 그건 사실상 '사회적 자살 행위'라고 해도 과언이 아닐 정도로 무모한 선언이었다.

아니나 다를까. 며칠 후 나는 친구들과 함께 아파트에서 놀다가 근처에 주차된 한 자동차의 백미러를 실수로 부수고 말았다. 지금 생각하면 부끄럽다. 왜 그 순간 그 차의 주인을 찾아 배상해야겠다는 생각은 아예 내 머리를 스치지도 않았을까? 행여나 근처에 있는 아파트 경비 아저씨가 보지 않았을까 하는 생각에 도망가기 바빴을 뿐이었다. 경비 아저씨도 아저씨지만 진짜 두려웠던 것은 나중에 집에서 당할 '수난'이었다. 분명 그 상황은 감당할 상황이 아니라 피해야 할 상황이었다. 아무리 예수님처럼 살겠다고 결심했다손 치더라도 당시 나는 열 몇 살의 아이에 불과했으니까. 그런데 나와 함께 도망가던 친구들 중 한 명이 불쑥 말했다.

"야, 성호야! 예수님이라면 너처럼 이렇게 도망가실까?"

마음속으로 움찔했지만 내 대답은 단호했다.

"응, 일단은 몸을 피하신 후 다음부터는 이런 일이 발생하지 않도록 더 조심하실 것 같아."

　오늘날 성도들의 중요한 삶의 목표 중 하나는 다름 아닌 '예수님을 닮는 것'이다. 그런데 이 목표는 달리 말하면 삶의 구석구석에서 '예수님이라면 어떻게 하실까'라는 질문을 던지고 사는 것과 별반 다르지 않다. 우리는 여기서 근본적인 질문을 하나 던져야 한다.

　"예수님을 닮는 것 또는 예수님처럼 행동하며 사는 것이 도대체 무엇입니까?"

　우리가 이 질문에 제대로 대답하기 위해서는 반드시 한 가지가 명확히 전제되어야 한다.

　'예수님을 닮고 예수님처럼 행동하기 위해서는 우리가 예수님에 대해서 대단히 많이 알고 있어야 한다는 것이다.'

　우리가 예수님에 대해서 제대로 모르고 있다면 어떤 상황에서 예수님이 과연 어떻게 행동하시고 또 어떻게 말하실지 무슨 재주로 알 수 있단 말인가?

　예컨대 새벽 2시가 넘은 시간, 옆집에서 계속 피아노 치는 소리가 들린다. 밤에 제대로 자야 내일 하루도 제대로 회사에서 근무할 텐데 말이다. 저놈의 피아노 소리 때문에 도통 잠을 잘 수 없다. 지금이 도대체 몇 시인데 '피아노질'인가? 저 사람

미친 거 아닌가? 마음속 깊은 곳에서 뜨거운 분노가 솟아오른다. 그런데 2010년 동계올림픽 이후 김연아를 아주 존경하게 된 나……. 올림픽 이후 하루에도 몇 번씩 나도 모르게 이 질문을 던지곤 한다고 가정하자.

'김연아라면 이 상황에서 과연 어떻게 행동할까?'

지금 이 심각한 상황에서도 나는 또다시 이 질문을 던진다.

'김연아라면…… 과연?'

그리고 잠시 답을 기다린다. 하지만 답은 떠오르지 않는다. 왜 그런가? 당연하다. 나는 김연아와 말을 해보기는커녕 멀리서 본 적도 없는데 그녀가 밤에 옆집에서 울리는 피아노 소리에 어떻게 반응할지 무슨 수로 알겠는가? 사실 새벽 2시에 피아노를 치는 사람도 미쳤지만 이런 질문을 던진다면 나도 제정신은 아니다. 그나마 내가 할 수 있는 것은 상식선에 맞춰서 몇 가지를 추측할 뿐이다. 다음과 같이 말이다.

"글쎄, 아마 다음 날 아침 중요한 일이 있다면 김연아도 사람인데 밤에 충분히 자야 하니까 옆집에 가서 조용히 해달라고 말을 했겠지? 아니면 그냥 귀마개를 꽂고 잤을까? 아예 수면제를 먹었을까? 열 받아서 관리실에 항의를 했을까?"

자, 우리의 예수님께 시선을 돌려보자. 이 경우 예수님이라면 과연 어떻게 하셨을까?

'얼마나 힘든 일이 있으면 이 깊은 밤에 잠 못 이루며 피아노를 칠까?'

이렇게 한 영혼의 아픔을 생각하고 예수님은 그 사람을 위해 기도하셨을까? 아니면 예수님은 오래 참으시는 분이니까 그냥 무작정 참으셨을까? 하지만 한 가지 확실한 것은 예수님은 결코 관리실에 항의를 하지는 않으셨을 것이다. 또한 예수님은 결코 그 집에 찾아가 화를 내지도 않으셨을 것이다. 왜 그런가? 예수님이니까.

이처럼 우리가 일반적으로 생각하는 예수님의 행동 양식은 우리의 '양심' 또는 '옳다고 생각하는 기준'에 부합하는 것이 대부분이다. 차를 운전하고 있는데 갑자기 앞 차가 깜박이 신호도 없이 끼어들 때, 예수님이라면 어떻게 하셨을까? 인자한 미소를 지으며 그냥 아무 일도 없었다는 듯이 참으실 것이다. 그렇지 않은가? 왜냐하면 그것이 일반적으로 우리가 생각하는 신사적이고 예의바르며 또 '은혜로운' 행동 범주에 드는 것이기 때문이다.

결국 우리가 물어야 할 것은 다음과 같다.

'과연 우리가 예수님이라면 어떻게 하실지 확신 있게 안다고 할 만큼 예수님에 대해서 알고 있는가? 예수님을 닮는 것이 무엇인지 명확히 판단할 수 있을 만큼 예수님을 알고 있는가?'

만약 위의 예에서 김연아의 어머니라면 김연아가 새벽 2시에 옆집에서 울리는 피아노 소리에 어떻게 반응했을지 잘 알 것이다. 왜냐고? 김연아의 어머니는 자기 딸에 대해서 누구보다 잘 알고 있을 테니까.

그런데 우리가 과연 그 정도로 예수님에 대해 알고 있는가? 우리는 예수님을 정말로 제대로 알고 있기에 감히 예수님을 닮고 싶다고 말할 수 있는 것인가? 정말로 예수님을 '잘 안다'면 애초에 예수님처럼 살겠다는 말을 쉽게 할 수나 있을지, 나는 솔직히 자신이 없다.

'사실상 오늘날 우리는 철저하게 내 기준에 맞춰 긍정적인 것, 옳은 것, 합당한 것 등등 온갖 좋은 것들을 다 모아서 예수님이라는 인물에다 몽땅 적용시킬 뿐이다.'

그러다 보니 누구에게 예수님은 사회운동가이고 통일운동가가 된다. 또 누군가에게는 예수님이 황당하게도 교회 성장 마케팅 전문가가 되기도 하고 재정 도우미가 되기도 한다. 어떤 사람에게 예수님은 무슨 병이든 다 고쳐주셔야만 직성이 풀리는 만병통치 의사이기도 하다. 오래전 나는 '예수님이라면 어떻게 하실까?'라는 질문 대신 다음 질문을 던졌어야 했다.

　'예수님은 2000년 전 유대 땅에서 과연 무엇을 하셨는가?'

　나는 성경 속에서 이 질문에 대한 답들을 찾기 위해 더 애쓰고 무엇보다 더 간절히 기도했어야 했다. 만약에 그랬다면 오늘날 시시때때로 필요에 따라 예수님을 이용하는 사람, 그런 갑각류 크리스천이 최소한 한 명은 줄었을 테니까.

21.
나에게는
기독교가 가장 효과가 있어요

기독교는 효과가 아닌,
　　　진리의 문제다.

아빠에게 끊임없이 질문하는 아이의 초롱초롱한 눈망울을 본 적이 있는가? 우리는 아이의 그런 눈망울로 하나님께 질문해야 한다. 그런 눈망울로 성경을 보며 성경에 물어야 한다. 질문을 두려워하지 말라. 뭔가를 사랑한다면, 그래서 그것이 소중하다면 우리는 더 알고자 한다. 그리고 그 열망은 언제나 새로운 질문을 만들어낸다.

세상이 점점 무섭게 바뀌어가고 있다. 한때 '진실한 사랑'이라는 표현을 들을 때 어색하다고 느끼지 않았다. 예를 들면 이런 것이다. 70년대를 풍미하던 호스티스 소재의 영화들에는 종종 호스티스와 대학생으로 대변되는 다른 신분 간의 사랑 이야기가 다뤄졌다. 지금 생각하면 신분으로 이 둘을 구분하는 것 자체가 웃긴 이야기지만 당시만 해도 술집에서 일하는 호스티스와 대학생은 동급으로 보지 않았던 것 같다.

이야기는 대충 이렇게 전개된다. 비록 사회에서 인정받지 못하는 일을 하고 있지만 호스티스는 누구보다 진실한 사람이다. 그녀는 대학생을 너무 사랑하지만 그 사람의 미래를 위해 자신의 사랑을 포기한다. 물론 여기에는 대학생 부모의 강력한 반대도 크게 한몫한다.

　이런 영화를 볼 때 사람들은 진실한 사랑을 생각한다. 자신의 이익에 따라 가치 판단을 하는 요즘의 기준으로 볼 때, 누군가를 만나 나의 신분이 상승할 수 있다면 그것 이상 더 바랄 것이 없지 않을까? 그 과정에 사랑이니, 진실이니 하는 단어가 끼어들 공간은 점점 더 좁아지고 있다. 그러나 우리는 과거에 지금보다 훨씬 더 자주 이익보다는 사랑을 논했다. 그리고 사랑이라는 단어 속에 나의 희생 또는 아픔이 얼마나 담겨 있는가에 따라 진실한 사랑과 이기적인 사랑을 구분해 생각하곤 했다.

　물론 오늘날에도 사람들은 여전히 이런 사랑을 가슴에 품고 살고 있다. 그러나 현실적으로 우리가 주변에서 더 자주 접하는 사랑은 내 것을 포기하는 사랑이 아니라 내 것을 더 극대화하는 사랑임을 부정하기 어렵다. 달리 말해 우리는 이제 '실용의 사랑'이 대세인 세상에서 살고 있다. 누가 부정할 수 있을까? 시간이 갈수록 우리는 자신을 희생하는 사랑, 손해 보기를 밥 먹듯이 하는 사랑, 좀 멍청해 보이는 사랑을 '진실한 사랑'이라고 느끼는 대신 이렇게 이야기한다.

"쟤 좀 어떻게 된 거 아니야?"

신앙과 관련해 '진리'를 따지던 시대가 있었다. 사랑을 말할 때 '진실'을 생각했듯 신앙의 가치를 '진리'로 구분하던 때가 있었다. 그 진리 때문에 사람들은 자신의 생명까지도 내어놓던 때가 있었다. 그러나 세상의 흐름은 신앙에 대한 이런 우리의 자세마저도 바꿔놓았다. 오늘날 실용적인 사랑이 현명한 사랑이듯 신앙도 이제 '실용의 신앙'이 '진리의 신앙'을 대체하고 있다.

오로지 이 사람만을 사랑해서 같이 살기보다는 이 사람이 내게 필요한 것을 가장 잘 제공해주기에 같이 사는 것이 점점 더 자연스러워진 시대에서, 우리는 신앙이 진리이기 때문에 믿기보다는 이 신앙이 삶을 살아가는 데 가장 효과적이기 때문에 믿는다. 물론 요즘 사람들이 이렇게 신앙을 놓고 진리냐 효과냐를 놓고 구분하지 않는다. 그러기에는 요즘 사람들이 너무 똑똑하다. 오히려 사람들은 이렇게 말할 것이다.

"당신은 마치 진짜는 항상 구질구질하고 후져야 한다는 식의 강박관념에 빠져 있군요. 진짜이기 때문에, 진리이기 때문에 이 신앙이 기막힌 효과까지도 있다는 생각은 안 듭니까?"

물론 그럴 수 있다. 그러나 좀 더 솔직하게 말하면 순서가 바뀌었다.

"진리이기 때문에 효과가 있는 것이 아니라 효과가 있기 때문에 진리라고 여기는 것이다."

왜냐하면 전자에 대해, 즉 진리인지 아닌지에 대한 검증 과정이 생략된 채 신앙을 가지는 경우가 대부분이기 때문이다. 신앙의 진리 여부를 놓고 정말로 진지하게 고민하고 탐구하는 사람이 얼마나 될까? 그렇기에 우리는 차라리 이렇게 솔직히 고백하는 것이 낫다.

"이 힘든 세상을 사는 우리에게 효과보다 더 중요한 것이 있습니까? 내게 효과가 있다면, 이 세상을 힘차게 살 수 있도록 힘을 준다면, 굳이 그것을 진리라고 부르지 못할 이유가 없습니다."

하지만 이 경우 우리는 최소한 스스로를 크리스천, 아니 더 정확히 이야기해서 '성경이 정의하는 크리스천'이라고는 부를 수 없다. 왜냐하면 이 '효과'라는 것처럼 주관적이고 상대적인 것도 없기 때문이다.

'효과 때문에 기독교를 믿는 사람이 누군가에게 전도를 하는 것은 한마디로 코미디다.'

다음과 같은 예는 어떤가?

"예수님 믿으세요."

"왜요?"

"예수 믿으면 정말로 좋아요. 세상의 힘든 일들도 다 풀리고 어려움도 다 해결되니까요."

"난 부처님 통해서 이미 100퍼센트 다 해결을 받고 있는데요?"

그렇기에 차라리 이렇게 말해야 한다.

"예수님 믿으면 이런 효과, 저런 효과가 있어요. 그러니 와보세요. 눈 한번 딱 감고 믿어보세요. 손해 볼 거 없어요. 하지만 예수님 믿는 것보다 더 효과 좋은 것을 발견하면 그때 가세요. 효과는 사람마다 다 다른 거니까요. 나한테 잘 듣는 약이 당신에게도 꼭 듣는다는 법은 없잖아요? 내게는 기독교가 가장 효과 있더라고요."

이렇게 말할 수 있다면 최소한 솔직한 사람이다. 기독교가 진리인지 아닌지에 대해 한 번도 진지한 고민 내지 검증을 하지 않은 사람이라면 섣불리 '진리'이니 또는 '전도'이니 하는 단어를 입에 붙이지 않는 것이 사람에 대한 최소한의 예의다. 이런 사람에게 성경 말씀의 진위를 놓고 고민하며 머리를 싸매는 이들은 그저 웃긴 사람일 뿐이다. 진리임을 입증하기 위해 발버둥치는 사람들의 노력을 이해하려야 이해할 수도 없다. 아니, 믿는다는 것이 왜 그렇게 힘든 일인지 도통 알지 못한다. 그냥 이해가 안 되는 것이다. 일단 믿으라니까 믿고, 믿고 나니까 마음도 편해지고, 또 뭔가 의지할 게 있으니까 든든하고……. 기도하면 항상 그렇지는 않지만 그래도 종종 응답받으면서 잘 살면 되는데 왜 신앙생활을 그렇게 골치 아프게 하는지 알려야 알 수가 없다. 당연하다.

'그들에게 기독교는 진리의 문제가 아니라 효과를 이끌어내는 수단이기 때문이다.'

기독교가, 교회가 점점 더 규모에 치중하고 그에 따라 사회에서 지탄의 대상으로 전락하는 것은 너무도 당연하다. 효과는 규모를 필요로 한다. 규모가 크고 돈이 많으면 효과적으로 더 많은 일을 할 수 있다. 기독교가 진리의 문제라면 진리 때문에 당하는 손해는 오히려 기쁨의 이유가 된다. 그러나 기독교가 진리의 문제가 아니라 효과의 대상이 될 때 기독교는 절대 손해를 보려고 하지 않는다. 믿음이라는 미명하에 기독교는 더 철저히 자기중심적으로 흘러간다. 믿음, 소명, 비전 등등의 단어들은 이제 자기 욕망을 치장하며 정당화하는 행동대장으로 전락한다.

이것이 오늘날 우리가 믿는 기독교의 실상이다. 내게 복도 주고 내게 마음의 평안도 주고, 하지만 결코 나에게 손해는 끼치지 않는 신앙……. 내 기도를 통해 내 자식이 결코 뱀의 머리는 될지언정 용의 꼬리가 되지는 않도록 하는 신앙……. 오늘도 수많은 교회의 강대상에서는 어떻게 이 신앙을 더 효과적으로 사용할 수 있는지, 그 노하우가 설교를 통해 '선포'되고 있다. 그리고 신앙을 가장 효과적으로 활용해 성공한 사람들의 간증들이 모범 답안으로 제시된다. 그렇게 좀 더 효과적인 신앙을 갈망하는 사람들의 열망에 불을 붙이는 것이다. 게다가 기독교를 믿으면 이 세상에 사는 동안 기막힌 효과는 말할 것도 없고 죽으면 천국까지 간다고 한다. 그러니 이걸 안 믿으면 그것처럼 미친놈도 없지 않은가?

생각해보자.

'진리를 위해서는 생명을 내어놓지만 효과를 위해 생명을 내어놓는 사람은 없다.'

스타벅스 커피가 더 맛있다는 사람을 상대로 커피빈의 커피가 더 맛있다는 사실을 증명하기 위해 생명을 바치는 사람이 없듯이 말이다. 이것이 지금 우리의 모습이다.

우리가 갑각을 탈피하는 한 가지 길은 효과에 목맨 나의 신앙을 과감히 버리고 기독교의 진리 여부를 놓고 지금부터 고민하는 것이다.

22.
내려놓는
투자

사랑만이
굳을 대로 굳은
감각마저도 녹인다.

"내가 가장 최근에 내 자식을 사랑한 때가 언제지?"라는 질문을 하는 부모는 없다. 부모는 자식을 항상 사랑하니까……. 만약 어떤 부모에게 자식을 사랑했던 특정 때가 생각난다면? 그 자식은 '친자식'이 아닐 가능성이 매우 높다. 같은 맥락으로 우리가 가장 최근에 '내려놓은' 것이 무엇인지를 안다면, 하나님은 우리에게 '진짜 아버지'가 아닐 가능성이 아주 조금은 있음을 기억하자.

김수현 작가의 〈천일의 약속〉은 알츠하이머병에 걸린 젊은 여인 서연(수애 분)과 그녀를 희생으로 보듬는 남자 지형(김래원 분)의 지고지순한 사랑 이야기다. 또한 그 두 사람을 곁에서 조건 없이 사랑하는 가족의 이야기다.

나는 이 드라마를 보면서 기독교 안에 열병처럼 퍼진 '내려놓음'이라는 단어에 대해 다시 한 번 생각하게 되었다. 아마도 지형의 어머니가 이 드라마 속에서 보여준 내적 갈등을 요즘 유행하는 기독교식 용어로 표현하자면 이렇게 간단히 말할 수 있지 않을까?

"자식에 대한 욕심을 내려놓음!"

그런데 한 가지 물어보자.

누군가가 지형의 어머니에게 "지형 어머님, 마침내 다 내려놓으셨군요"라고 말한다면 그녀는 과연 뭐라고 대답할까?

"자식에 대한 욕심을 내려놓으니 비로소 마음에 평화가 오네요"라고 대답했을까? 그녀의 머릿속에 과연 자식을 위해 뭔가를 내려놓았다는 '그런 생각' 자체가 있기나 했을까?

국내 기독교 저자가 쓴 초대형 베스트셀러 『내려놓음』이라는 책이 나온 지 꽤 많은 시간이 흘렀다. 그리고 이 책의 제목은 어느새 기독교계를 넘어 일반 사회에서까지 흔히 쓰이는 용어가 되었다. 물론 과거에도 쓰였던 말이겠지만 『내려놓음』이라는 책 이후로 그 용어가 훨씬 더 보편화되었다는 점을 부인할 사람은 없을 것이다. 많은 경우 '내려놓는다'는 말은 자신의 욕심을 포기하거나 뭔가 중요한 일을 위해 자신을 희생하는 경우에 쓰이곤 한다. 포기, 희생……. 좋은 말이다. 아니, 거룩하기까지 한 말이다. 그러나 나는 내려놓음이라는 이 단어를 처음 들었을 때부터 그 단어 속에서 어떤 '수상함'을 느꼈다. 그때는 내가 느낀 그 수상함이 무엇인지 잘 몰랐다. 그냥 나라는 사람이 워낙 삐딱하다 보니 일단 무조건 대중적인 호응을 받는 것이면 곁눈으로 보는 성향 때문에 오는 일종의 반 사감정이라고 생각했다. 그러나 시간이 가면서 내가 느낀 그 수상함의 이유를 좀 더 제대로 볼 수 있게 되었다.

그것은 내가 가진 기독교에 대한 개념과 '내려놓음'이라는 단어가 가지는 충돌 때문이었다. 그 수상함은 기독교가 처음부터 끝까지 사랑이라는 나의 생각이 가져온 당연한 결과였다.

좀 쉽게 설명하면 이렇다. 진짜 누군가를 사랑할 때 그 사람을 향해서 "난 당신을 위해 이거 이거 내려놓았어요"라고 말하지 않는다. 왜냐?

'사랑에는 그런 식의 생색이 들어설 자리가 없기 때문이다.'

진짜 누군가를 사랑할 때 다른 사람들에게 "나 저 사람을 위해 이거 이거 내려놓았어요"라고 말하며 돌아다니지 않는다.

'사랑에는 애초에 그런 과시가 들어설 자리가 없기 때문이다.'

〈천일의 약속〉에서 지형은 단 한순간도 알츠하이병에 걸린 서연과 결혼한 자신의 결정을 희생이라고 생각한 적이 없다. 왜냐하면 그는 서연을 진정으로 사랑했기 때문이다. 다시 말해 그는 서연을 위해 자신이 무엇인가를 내려놓았다는 생각 자체를 한 적이 없다. 그러니 지형은 서연에게도 주변의 다른 어떤 사람에게도 자신의 사랑을 두고 내가 무엇을 내려놓았느니 올려놓았느니, 이러쿵저러쿵 말한 적이 없다.

솔직히 나 자신을 들여다보자. 내려놓음이라는 말을 우리가 내뱉을 때마다 내가 뭔가를 희생한다는 '으쓱함'이 우리 마음을 스치지 않는가? 내가 무엇인가를 내려놓는다는 말 속에 내가 누군가를 위해 뭔가를 포기한다는 '나의 의'가 똬리 틀고 있음을 느끼지 못하는가? 진정 사랑한다면 아예 스치지도 않았을 그런 식의 나 중심의 생각들 말이다. 내려놓음이라는 것은 달리 말해 결국 내가 사랑하지 않기에 내가 발버둥쳐 획득해야만 하는 성과물 아닌가?

내려놓음이라는 말 속에 숨은 또 하나의 수상함을 더 지적하지 않을 수 없다.

'그것은 행여나 내려놓음이 더 좋은 것을 올려놓으려는 일종의 수지맞는 투자를 위한 전 단계는 아닌가 하는 점이다.'

이는 비단 내려놓음과 관련해서만 할 수 있는 말은 아니다. 사실 우리 기독교 구석구석에 너무도 만연한 세속주의의 본질을 한 단어로 말하라고 하면 나는 서슴지 않고, '최고의 수익을 내기 위해 신앙 또는 거룩함의 탈을 쓴 갖가지 투자 기법들'이라고 말하겠다. 이 투자가 얼마나 교묘하게 우리 삶 속에 스며들어 있는지는 거의 상상을 초월할 정도다. 아니, 너무도 깊게 들어와 있어서 그것이 잘못된 것인지에 대한 개념 자체가 없을 정도다.

십일조를 내면서 그 마음속에 하나님이 열 배, 백 배로 더 채워주실 것이라는 투자의 개념이 없는 사람이 과연 얼마나 있을까? 어쩌다가 십일조를 내지 못한 달, 장사가 잘 안 되면 십일조를 빼먹어 하나님이 벌주신다는 강박관념에서 자유로운 사람이 과연 얼마나 될까?

새벽에 기도를 해야 하나님이 더 잘 들어주신다는 생각, 만 시간 기도를 채우면 하나님이 이뤄주신다는 생각, 아침에 일어나 제일 먼저 하나님께 기도해야 더 효험이 있을 것이라는 생각, 질적인 면이든 양적인 면이든, 형태적인 면이든, 내용적인 면이든, 더 큰 수익(축복)을 목표로 한 투자의 개념이 들어 있지 않은 신앙생활이 우리 속에 얼마나 있는지 생각해보자. 결론은 자명하다. 사랑이 없기 때문이다. 사랑하지 않기 때문이다.

'사랑과 투자는 상극이다.'

사랑하면 투자라는 생각이 머리에 스칠 수 없다. 투자자는 사랑과 아무런 상관이 없는 사람이다. 〈천일의 약속〉에서 지형의 어머니가 나중에 자식에게 인정받기 위한 투자의 개념으로 자식의 결정을 받아주었을까? 지형이 자신의 지고지순한 사랑을 사람들에게 간증하고 다니며 돈을 벌려는 투자의 개념으로 서연을 선택했을까?

기독교를 '제대로' 믿는 것이 왜 힘들고 어려운가?

'기독교는 사랑이기 때문이다.'

'기독교는 사랑의 종교이기 때문이다.'

하나님이 우리를 사랑하신 것은 그렇다 쳐도 문제는 우리가 하나님을 사랑해야 하는 종교이기 때문에 힘들다. 이게 쉬운가? 기독교의 믿음은 구원과 관련한 몇몇 문장을 그냥 두 눈 딱 감고 "믿습니다" 하며 앵무새처럼 읊조리는 것으로 끝나지 않는다. 기독교의 믿음은 하나님을 사랑하는 사람의 마음에서 우러나오는 고백이어야 한다. 그게 믿음이다. 사랑이 없으면 믿음도 없다.

나는 세상에서 이런 말을 하는 사람을 가장 혐오한다.

"예수 믿는 거 참 쉬워요."

사랑이 쉬운가?

다시 말하지만 결론은 사랑이다. 사랑한다면 그 마음속에는 애초에 내려놓느니, 더 내려놓느니, 올려놓느니, 다시 주워 담느니 하는 생각 자체가 들어설 자리가 없다. 사랑한다면 그 마음속에는 애초에 투자의 개념 자체가 스치지도 않는다. 사랑하는 여인과의 식사비를 낸 후 이런 생각을 하는 것이 사랑인가?

'오늘 내가 칠천 원짜리 샀으니 쟤가 다음에 최소한 오천 원짜리는 사겠지…….'

결국 사랑이 없기에 우리는 갖가지 방법을 동원할 수밖에 없다. 각종 그럴듯한 용어들을 사용해 사람들로 하여금 투자하도록 한다. 사실상 투자지만 투자가 아닌 것처럼 그럴싸한 거룩한 용어들을 갖다 붙이며 발버둥을 친다. 그러나 그 본질은 내가 포기하는 것보다, 내가 내려놓는 것보다, 표면상 내가 희생하는 것보다 더 큰 이익을 약속하는 투자다.

그렇다. 우리는 결국 근본적인 문제에 다시 부딪힌다. 보이는 인간도 사랑 못하는 주제에 보이지 않는 하나님을 어떻게 사랑한다는 말인가? 이게 아예 가능한 일이기는 할까? 힘든 문제다. 힘든 만큼 그냥 이 문제만은 피하고 살고 싶다고? 천만의 말씀! 우리는 이 질문만은 피하지 말아야 한다. 이 질문에 나의 온 존재를 부딪쳐야 한다.

우리 속에 하나님을 향한 사랑이 없기에 평생 교회를 다니며 내려놓으려 발버둥치는 그런 비참하고 피곤한 삶을 '내려놓기' 위해서라도 우리는 이 질문에 정면으로 맞서야 한다.

    이 중요한 질문을 접어둔 채 내려놓으면 내려놓을수록 우리의 갑각은 더 두꺼워지기만 할 것이다.

23.
충분한 기독교를 향한
나의 실험

질문하기를
두려워하지 않을 때,
어쩌면 감각을
탈피할 수 있을지도 모른다.

"무조건 그냥 믿으세요!" '무조건'이라는 말처럼 무서운 말도 없다. 그 속에는 맹목적인 폭력이 숨어 있다. 대상이 사랑이든 믿음이든 뭐든지 간에 내가 '무조건' 받아들이고 있다면 그것은 자랑할 일이 아니라 반성할 일이다.

'국내 유일 가카 헌정방송'을 표방하며 매번 이슈를 죽여주게 만들어낸다는 팟캐스트, 그 유명한 "나는 꼼수다"를 몇 달 전 처음으로 한번 들어보았다. 그때, 자기들끼리 왁자지껄하게 치고받으며 시시덕대는 네 사람의 목소리를 도통 구분할 수 없어 듣는 내내 꽤 정신이 없었다. 그런 탓에 사람들이 그토록 열광하는 만큼의 재미를 못 느끼고, 결국 '나꼼수'의 광팬이 되는 데 실패했다. 비록 딱 한 번 그들의 방송을 들었지만 그럼에도 그들 입에서 거침없이 작렬하는 내공의 기를 선명하게 기억한다. 그것은 나꼼수 멤버 네 사람의 '쫄지 마' 정신에 입각한 '확신'이었다. 그것은 그들의 표현대로 이른바 '잡놈'들의 '자신감', '당당함'이었다.

사람에게 힘을 주는 것은 여러 가지가 있다. 그중 정교하고 확실한 논리체계야말로 사람에게 가장 큰 힘을 주는 필살의 무기다. 그 누구보다 명확한 확신을 갖고 사는 사람에게는 그만큼 자기 삶에 대한 분명한 논리, 철학, 가치관이 있기 때문이다.

'자신을 지배하는 논리가 더 명확하고 정교해질수록 그 사람의 삶은 더욱 견고해지게 마련이다.'

텔레비전 예능 프로그램 〈힐링캠프, 기쁘지 아니한가〉에 출연한 차인표 씨를 통해서도 나는 이 사실을 다시 한 번 통감했다. 나누는 삶에 대한 그의 확신은 그가 구사하는 단어 하나하나, 그의 얼굴 표정 하나하나에서 빠짐 없이 느낄 수 있었으니까.

진화생물학자 리처드 도킨스Richard Dawkins가 쓴 『만들어진 신』The God Delusion에서도 결코 무너지지 않을 저자의 확신을 선명하게 느낄 수 있었다. 무신론에 대한 그의 이론이 그만큼 명확했기 때문이다.

앞서 말한 나꼼수의 김어준, 김용민, 주진우, 정봉주 씨를 보라. 명확하고 선명하다. 흔들림이 없다. 그들이 저마다 종교를 믿고 있기 때문만은 아니다. 그들의 삶을 지배하는 이론, 가치관이 확실하고 굳건하기 때문이다.

굳건함, 선명함, 확신, 절대 믿음……. 이런 단어들을 빼놓고는 기독교를 말할 수 없다. 기독교는 자신의 믿음을 위해 생명까지 내어놓는 종교 아닌가. 하지만 나는 거의 천만을 향해 가다가 급속도로 크리스천 수가 줄고 있는 현재의 한국 기독교 상황을 보면서 나날이 의구심을 가지게 된다. 지금 우리 기독교를, 우리 교회를 떠받치고 있는 것이 확실한 이론 또는 논리체계일까? 아니면 한낱 형식에 불과한 것일까? 아무래도 우리를 떠받치는 기둥이 전자가 아니라 후자라는 생각이 시간이 갈수록 더 강하게 든다. 지금껏 살아오면서 익숙해진 '형식의 관성'에 따른 신앙생활이 우리의 실제가 아닌지를 자꾸만 돌아보게 되는 것이다.

어떤 이론이든지 그 이론이 더 정교해지고 명확해지고 또 발전하려면 수많은 공격을 받아야 한다. 의심과 회의를 동반한 많은 질문을 이겨내야 한다. 그래야 그 이론이 발전한다. 어떤 이론이든지 질문, 회의, 의심을 막무가내로 부정하고 죄악시하는 이론은 이론이 아닌, 하나의 교조이고 인간의 이성에 대한 폭력 그 이상도 이하도 아니다. 지금 우리 교회의 모습이 이런 것은 아닌지 진지하게 물어야 한다. 어떤 질문에 대해서도 정말로 마음을 열어 대화하고 첨예하게 토론할 준비가 되어 있는가?

기독교 교리를 더 명확하게 하기 위해 우리는 그 어떤 질문도 두려워해선 안 된다. "답은 없을 거야" 하는 성급한 결론으로 입을 막기 전에 거듭 질문하고 회의해야 한다. 그래서 이후에 얻는 답이 확신으로 더 분명해질 때, 우리는 뜬구름 잡는 '목적이 이끄는 애매모호한 삶'이 아니라 '진짜 목적에 도달하는 삶'을 멋지게 살 수 있다.

'질문하기를 두려워하지 말자. 질문할수록 내가 더 발전할 수 있음을 받아들이자.'

지금까지 나를 떠받들고 있었던 내 전제까지 내려놓고(이것이 진짜 '내려놓음'이다), 나를 지탱하던 나의 '안전지대'Comfort Zone 마저 허물고 모험할 용기가 있는 사람이 우리 중 과연 얼마나 될까? 힘들지만 우리가 이렇게 자신의 울타리 너머로까지 나아갈 때 이후 바람직한 다음 세대를 기약할 수 있다. 이 모험을 두려워한다면 우리는 얼마 지나지 않아 '그들만의 리그', '하나의 외딴 섬'으로 전락할 것이다.

나는 꽤 많은 무신론 책을 통해 무신론자 상당수가 갖고 있는 전제 하나를 보았다. 그들은 '생각하는' 크리스천에게 기독교보다 훨씬 더 정교한 무신론을 제대로 설명하기만 한다면, 머지않아 다 기독교를 떠날 것이라고 생각하는 듯하다. 그들의 생각이 일리는 있다. 하지만 그들에게는 한 가지 간과한 것이 있다. 오늘날 기독교는 이론에 의한 믿음이라기보다 필요를 채우는 믿음 또는 효과만 쳐다보는 믿음에 빠져 있다. 따라서 무신론이 기독교가 주는 효과 이상의 그 무엇을 제공하지 않는 한 크리스천들은 그다지 동요하지 않을 것이라는 사실이다. 이는 바꿔 말해 무엇이 더 이성적이고 어떤 이론이 더 말이 되는가를 머리로 따져보느냐 마느냐가 '내가 무엇을 믿느냐'에 그리 영향을 주지 못한다는 사실이다. 물론 조금 차이가 있겠지만 이런 상황을 다음과 같은 비유로 설명할 수 있겠다.

부모가 자식을 사랑할 때, 왜 사랑하는지 묻지 않는다. 왜 사랑하는지 논리적으로 설명하려 하지 않는다. 그냥 사랑한다. 자식이 없으면 살 수 없으니까. 자식 사랑은 한마디로 논리의 영역이 아니기 때문이다.

이런 면에서 기독교는 위험성과 가능성을 동시에 가지고 있다. 과연 언제까지 기독교가 논리를 무시한 채 사람의 필요 충족 또는 효과에 의지해 지탱할 수 있을지 알 수 없다. 언제까지 사람의 머리를 마비시키는 감정 고양 또는 흥분 조장에 의지해 기독교의 진리를 끌고 갈 수 있을지 낙관할 수 없다. 그러나 동시에 지금 기독교가 주는 놀라운 효과 위에 무신론을 지탱하는 그런 수준의 이론까지, 시스템까지 뒷받침된다면 얼마나 죽여주겠는가?

이것이 내가 하고 싶은 일이다. 이 일의 시작은 두려워하지 않고 질문을 던지는 것이다. 대안이 나오려면 먼저 문제를 노려보고 물어야 한다. 나는 대학교를 졸업한 후 모 회사에서 3년 정도 근무한 적이 있다. 그때 그 회사의 분위기는 이랬다.

"대안이 없으면 애초에 문제 자체를 제기하지 마!"

나는 그런 분위기가 이해되지 않았다. 누군가가 문제를 제기하면 그 문제를 놓고 모두가 다 머리를 맞대어 해결책을 찾는 게 상식 아닌가? 아예 제기되지도 않는 문제가 어떻게 해결될 수 있겠는가? 그러니 문제가 있어도 '없는 척하는' 분위기는 좀비들만 우글거리는 집단 속에서 뻔한 결과를 양산할 수밖에…….

말이 나온 김에 한 걸음 더 나아가자면, 무신론도 하나의 믿음인 만큼 그 믿음은 기독교 이상의 효과를 준다. 즉, 효용적 측면에서 기독교만이 유일하거나 월등한 것이 아니라는 점을 직시하게 만드는 것이다. 이렇게 말하는 근거는 기독교를 떠난 후 평생 그리던 마음의 평안을 찾았다는 또 다른 '간증'을 많이 목격했기 때문이다.

요지는 이것이다. 효과에 함몰되어 그 효과를 지탱하는 이론을 무시할 때, 그런 사람은 평생 겉으로는 기독교를 떠나지는 않을지 모르지만 언제나 여리고 불안한 속살로 살아야 할지 모른다. 이것이 바로 내가 생각하는 '갑각류 크리스천'의 모습이다.

나는 이것을 극복하고 싶다. 나 자신부터 말이다. 그리고 그 결과를 이 책과 또 앞으로 나올 책들을 통해 더 많은 사람과 나누고 싶다. 나보다 훨씬 더 앞서 나가 고민한 사람들의 목소리를 들을 기회가 어떤 형태로든지 생길 수 있을 것이라고 믿기 때문이다.

나는 『부족한 기독교』 시리즈를 낸 뒤 하나를 얻었고 하나를 잃었다. 얻은 것은 줄곧 나를 따라다니던 '누구의 아들'에서 어느 정도 벗어난 것이다. 물론 평생 그 누구의 아들은 완전히 못 벗어날뿐더러 벗어나고 싶지도 않다. 아버지는 내게 언제나 자랑스러운 존재니까. 하지만 동시에 그 시리즈 때문에 어쩌면 평생 '비판만 하는 사람, 딴죽만 거는 부정적인 사람'이라는 딱지를 달고 살아가야 할지도 모른다. 이것이 내가 잃었다고 생각하는 부분이다.

물론 나는 밥 먹듯이 기독교에 딴죽만 걸며 비판을 위한 비판만 하는 사람이 아니다. 기독교는 내게 중요한 문제다. 나뿐만이 아니라 자신을 크리스천이라고 생각하는 사람이라면 누구에게나 기독교는 중요한 문제일 수밖에 없다. 나는 단지 다른 사람들보다 이 문제에 관한 솔직한 내 의견을 앞뒤 생각하지 않고 좀 더 잘 표현하는 사람일 뿐이다.

『부족한 기독교』시리즈를 읽지 않은 어떤 사람들은 저자인 내가 보기에 가장 무식하고 한심한 질문을 한다.

"아니, 충분한 기독교를 왜 부족하다고 해요?"

나는 기독교를 결코 부족하다고 한 적이 없다. 단지 왜 충분한 기독교에 이상한 것들을 가지고 들어와 부족하게 만드는지 반어법을 써 물었을 뿐이다.

그러나 '갑각류 크리스천'이란 제목에는 아무런 반어적 의미가 없다. 까놓고 말해 지금 우리 대부분은 갑각류의 모습으로 신앙생활을 하고 있기 때문이다. 나의 이런 글들은 '부족한 기독교'를 극복하고 '충분한 기독교'로 나아가기 위한 나의 절박한 시도이자 우리 모두의 실험이 될 것이다. 과거에 감히 던지지 못했던 질문들을 던지는 나의 시도가 과연 나의 갑각을 녹이고 속살을 다지는 결과를 가져올지 아니면 오히려 나의 갑각을 더 두껍게 만드는 결과가 될지 두고 볼 일이다.

24.
아! 내 안에
천국은…

덮는 믿음이 아닌,
파헤치는 믿음을 가질 때
천국이 보일 것이다.

이 글을 읽은 후 아마도 전통적 신앙 위에서 자란 크리스천이라면 곧바로 '하나님의 주권'을 해답으로 떠올릴 것이다. 하나님의 주권은 내게도 매우 중요한 문제다. 알다시피 장 칼뱅의 『기독교 강요』 Institutio Christianae Religionis 전체를 꿰뚫는 주제가 바로 하나님의 주권이다. 이것은 개신교의 핵심이라고 해도 과언이 아니다. 비록 이번 책에서는 못 다뤘지만 다음 『갑각류 크리스천 블랙 편』에서는 하나님의 주권과 관련해 내가 가졌던 고민들을 나누려고 한다. 내게 '하나님의 주권'이라는 답은 이론상의 모범 답안일 뿐 전혀 내 가슴에 다가오지 않는다. 입이 아닌 마음으로, 교리가 아닌 현실로 천국을 사모하는 날이 내게 하루 빨리 오길 간절히 바란다. 이 글은 내 속에 또아리를 튼 수많은 질문 중 내가 공개적으로 던지는 첫 질문이다.

기독교 신앙과 관련하여 내 머리를 떠나지 않는 고민이 하나 있다. 이 고민 이야기를 하기 전에 한 가지 짚고 넘어가자. 나처럼 모태신앙인으로 살면서 평생 교회 밖을 벗어나지 못한 사람이라면 누구나 쉽게 동의할 것이다. 우리에게는 잠

재된 공포가 있다는 사실, 다름 아닌 지옥에 대한 근원적 공포를 가지고 있다는 사실을 말이다. 구체적으로 말해, '나 죽어서 지옥 가면 어떡하지?' 하는 공포가 내 안의 깊은 곳에 잠재되어 있는 것이다.

모르겠다. 도대체 어디서부터 이런 생각이 들어온 것인지……. 하지만 인간이라면 누구나 갖는 죽음에 대한 두려움이 교회 다니는 사람에게는 좀 더 구체적인 형태의 불안, 즉 지옥의 공포로 자리 잡고 있음은 틀림없어 보인다. 사실, 신앙생활을 하면서 이 지옥에 대한 공포는 가끔 내 머리를 스치는 생각 정도였지 그렇게 심각한 주제는 아니었다. 최소한 내가 좀 더 진지하게 기독교 신앙을 들여다보기 전까지는 그랬다.

그런데 어느 순간부터인가 모든 것이 달라졌다. 그냥 가르쳐주는 대로 "아멘" 하면서 '나의 생각'이라는 녀석 자체가 들어 있지 않은 머리를 끄덕이던 수준을 벗어나 스스로 생각하는 신앙인이 되면서부터 심각한 고민이 생겼다. 그것은 지옥에 대한 공포와 비교도 할 수 없는 것인데, 말하자면 나는 별로 천국에 가고 싶은 생각이 없다는 무서운 사실이었다. 어느 순간엔가 정말 솔직히 말해 내가 '거의', 아니 '전혀' 천국에 가고 싶어 하지 않음을 알게 되었을 때 말할 수 없는 죄책감을 느꼈다. 예수님이 나를 구원하시려고, 나를 천국에 보내주시려고 십자가를 지셨는데, 정작 나는 천국에 가고 싶어 하지 않는다니……. 세상에 이것보다 더 심각한 일이 있을까?

가난한 부모가 하나뿐인 자식, 대학 공부시키려고 밤낮 없이 일할 뿐 아니라 빚까지 지면서 등록금을 마련하는데, 이놈의 자식은 대학에서 공부는커녕 수업도 매일 땡땡이 치고 있다면? 정말 이런 후레자식이 또 있겠는가? 그런데 나는 어떻게 보면 부모의 수고를 헛되게 하는 후레자식과는 비교도 할 수 없는, 예수님의 피를 헛되게 하는 사람이라는 사실……. 그 때문에 나는 지금도 죄책감에 시달린다. 아마도 나의 이런 고민 앞에서 할 수 있는 가장 쉬운 대답은 다음과 같을 것이다.

"은혜를 받아야 해!"

뭐, 맞는 말이다. 문제는 이 대답이 모든 문제에 대한 답이기도 하지만 동시에 그 어떤 문제도 제대로 해결하지 못하는 가장 무력한 답이기도 하다는 점이다. 무력한 답이 아닌, 힘 있는 답을 찾기 위해 나는 내 나름의 노력을 했다. 그리고 내가 의지한 그 해결책은 늘 그렇듯 책이었다. 나는 이렇게 생각했다.

'그래, 내가 천국을 사모하지 않는 이유는 자명해. 내가 천국을 너무 모르기 때문이야. 천국에 대해 내가 제대로 알기만 한다면 어떻게 그곳을 사모하지 않을 수가 있겠어? 오늘부터 당장 천국 공부를 제대로 하자. 사람은 아는 만큼 보이고, 아는 만큼 느낄 수 있는 법! 천국에 관해 성경이 말하는 것을 확실히 공부하자.'

나는 철저히 성경적으로 천국을 설명하는 많은 책을 사서 읽기 시작했다. 절박함으로 시작한 그 과정에서조차도 나는 천국에 갔다 왔다는 둥의 '헛소리'를 담은 책들은 거들떠보지도 않았다. 그런 시답지 않은 쓰레기 책들까지 읽기에는 시간이 아까웠기 때문이다. 하지만 천국이 그다지 간절하지 않다는 나의 이 문제는 전혀 해결되지 않았다. 아니, 오히려 몰랐으면 별 생각 없이 편안했을 부분들까지도 알게 되면서 도리어 더 힘들게 되었다. 정작 내 고민이 더 깊어지고 구체화되었기 때문이다.

천국을 주제로 한 책들을 읽으며 나는 나름대로 천국과 관련해 성경이 확실하게 말하는 몇 가지 사실들을 정리할 수 있었다.

첫째, 천국은 영원하다.

달리 말해 천국 혹은 지옥에 가면 그걸로 완전 '게임 끝'

이라는 사실이다. 그냥 '완전 결론'에 이르는 상태이고 두 번째 '찬스'란 아예 존재하지 않는다는 점이다.

둘째, 천국에서도 나의 정체성은 유지된다.

천국과 관련해 가장 흔한 오해는 우리가 완전히 새 사람이 된다는 것이다. 물론 우리가 입을 새 몸이 분명히 있다. 이 점에서 성경은 명확하다. 부활하신 예수님의 몸이 보여준 모습을 보면 우리가 입을 새 몸은 어느 정도 시공간을 초월하기도 한다. 하지만 여전히 나의 정체성은 유지된다. 이 정체성은 외모까지 포함한다. 제자들은 부활하신 예수님을 멀리서도 알아보았다. 변화산에 등장한 모세, 엘리야를 통해 천국에서도 유지되는 개인의 정체성을 확인할 수 있다.

거지 나사로와 부자의 이야기도 마찬가지다. 이 부분과 관련해서는 좀 더 설명이 필요하다. 많은 사람이 우리의 기억이 없어지고 천국에서는 완전한 새 출발이 있다는 등의 주장을 한다. 그러나 다른 것은 몰라도 천국에서 우리의 기억이 사라진다는 것은 상상도 할 수 없다. 일단 우리가 천국에서 받는 상급을 생각해보라. 상급은 이 세상에서의 삶에 따라 차등을 두고 주어진다. 그런데 천국에서 상급을 받을 때 이 세상의 기억이 없다면 그 상급의 차등을 우리는 어떻게 받아들일 수 있겠는가? 도대체 저 사람에게 무슨 근거로 나보다 더 많은 상급을 주는지 억울하지 않겠는가? 물론 천국에서 받는 상급이라는 개념도 명확히 규정하기란 결코 쉽지 않다. 한 가지 더 짚고 넘어갈 점이 있다.

차등적으로 받은 천국의 상급은 영원히 지속된다는 사실이다. 달리 말해 누군가와 나 사이의 차이가 천국에서는 영원히 좁혀지지 않는다는 것이다. 세상이라는 게 그렇다. 뭐든지 더 나아지고 좋아질 수 있다는 희망, 내가 노력하면 저 사람보다 더 잘될 수 있다는 꿈이 있어야 살맛이 나는 법인데 천국에서의 차등은 그 희망을 송두리째 앗아가 버린다. 하지만 이 정도는 내가 가진 진짜 고민에 비하면 아무것도 아니다. 바울 선생이 나보다 상급이 많다는 사실……. 그분과의 차이가 영원히 지속된다고 해서 그렇게 억울할 것 같지는 않다. 어쩌면 그 차이는 너무 당연하니까.

셋째, 구약은 천국과 지옥에 대한 별 언급이 없다.

천국, 지옥은 주로 신약에 등장하고 이 주제에 관하여 가장 많이 말씀하신 분은 예수님이다. 바울의 서신서들 역시 이 주제를 거의 다루지 않는다.

넷째, 예수님이 주로 천국과 지옥 이야기를 하셨지만 그

중 지옥에 대한 이야기가 압도적으로 많다.

이런 점들을 염두에 둘 때, 나는 필연적으로 천국에 관하여 더 고민할 수밖에 없었다. 그중에서도 가장 큰 고민은 두 가지였다.

첫 번째 고민은 '내가 사랑하는 사람이 지옥에 있는데 내가 천국에 간다면, 과연 그곳이 내게 천국일 수 있을까?' 하는 것이다. 물론 싫어하는 사람과 영원히 천국에서 함께 사는 것, 이것도 쉬운 문제는 아니다. 하지만 이 문제는 어느 정도 해결이 가능할 것 같다. 시간이 영원하니까 점점 싫어하던 사람의 좋은 점도 보게 되고 또 어떤 면에서 우리가 새 몸을 입어 더 개선된 형태로 바뀐다면 좀 더 성숙해질 테니까. 분명 이 세상과는 비교도 할 수 없을 만큼 사랑이 풍성한 사람으로 바뀔 테니까 말이다. 게다가 분명 천국은 엄청 넓을 테고, 그렇다면 그 사람을 자주 만나지 않으면 되니까 말이다.

하지만 내가 사랑하는 사람이 지옥에 있다는 사실은 완전히 차원이 다른 문제다. 복잡하게 생각할 것 없다. 사랑하는 가족이 지금 지옥에 있다면? 만약 이 글을 읽는 당신이 자식을 가진 부모라면 더 쉽게 상상할 수 있을 것이다. 자식이 지금 지옥에 있다면 당신은 천국에서 마음 편하게 살 수 있겠는가?

어미는 아들이 '민주화된' 군대에 단지 얼마 동안만 가 있어도 가슴 졸이며 잠 못 드는 법이다. 하물며 내 아들이, 내 딸이 지옥에 있다면? 게다가 더 끔찍한 것은 성경 속 거지 나사로 이야기에서 보듯, 지옥에서는 천국이 보인다고 하지 않았는가? 지금 내가 천국에서 행복하게 살고 있는 모습을 내 자녀가 지옥에서 보고 있다고 한번 상상해보라. 만약 지옥에 가는 것이 한시적이라면, 예컨대 한 100년 지나고 나서 다시 한 번 기회가 주어진다면 말도 안 될 정도로 힘들지라도 그나마 견딜 수 있을지 모른다. 하지만 지옥은 영원하다. 이 부분이 내겐 해결이 되지 않는다.

지금 내 아들이 크리스천이 아니라고 치자. 천국과 지옥을 정말로 믿는 부모라면 그 아들이 아침에 출근 또는 등교했을 때, 그래서 아들이 지금 내 눈앞에 보이지 않을 때 제대로 밥을 삼킬 수 있을까? 밖에서 일을 보고 있던 아들에게 행여 무슨 일이라도 생겨 그 아들이 미처 예수님을 믿기도 전에 죽어 지옥에 갈지도 모른다는 생각에 밥이 목구멍에 넘어갈 수 있을까? 아들이 집에 들어온다고 문제가 해결되느냐? 그렇지도 않다. 잠자던 아들이 행여 심장마비라도 일으켜 죽지나 않을지 두려워 어디 그 어미가 잠이라도 제대로 잘 수 있을까?

많은 크리스천은 이 현실적인 문제를 과연 어떻게 해결하고 있을까?

"하나님께서 우리 가족은 다 구원받게 하실 거야."

많은 이가 이런 막연하고 대책 없는 '대담한' 믿음 하나로 이겨내는 것 같다. 이 믿음은 내가 언젠가 들은 황당한 이야기와 그 맥을 같이한다. 어떤 유명한 신앙인이 한 이야기로, 교회를 어느 정도 다닌 사람이라면 설교 때 한두 번은 들었을 것이다.

"내가 천국에 가면 세 번 놀랄 것이다. 첫 번째는 천국에서 만나리라 예상치 않았던 사람을 만났기 때문이고, 두 번째는 천국에서 분명히 보리라 생각했던 얼굴들을 볼 수 없기 때문이고, 마지막은 가장 죄인 된 내가 천국에 있다는 사실 때문이다."

나는 이 이야기를 들었을 때 피식 웃었다. 왜냐하면 이 말을 한 사람을 놀라게 한 두 번째 부류의 사람들, 즉 지옥에 간 사람들도 그들이 세상에 사는 동안 세 번째 이유에 해당하는 것, '다른 사람은 몰라도 나는 천국에 있을 거야' 하는 확신을 분명히 가지고 있었을 테니까.

아무튼 천국, 지옥은 영원하다는 사실! 그리고 천국, 지옥에서도 나의 정체성, 달리 말해 나라는 사람을 형성하는 모든 기억은 그대로 유지된다는 성경의 증언은 내게 이런 고민을 심각하게 안긴다. 언젠가 이 문제를 가지고 몇몇 목회자에게 상담을 요청했다. 그때 들은 대답들은 다음과 같다.

"집사님, 고민하지 마세요. 하나님이 다 해결해 주실 거예요."

무책임하기 그지없는 대답이다. 아예 머리를 떼고 살라는 말과 다름없으니까.

"우리는 완전히 새로운 사람이 되기 때문에 더 이상 이 세상에서 느끼는 고민, 갈등, 괴로움 같은 감정 자체는 존재하지 않습니다. 그러니 고민하지 마세요. 우리에게는 기쁨만이 있을 거니까요."

우리에게 기쁨이 왜 기쁨인가? 슬픔이 있기 때문에 기쁨도 있다. 고통이 있기 때문에 쾌락도 있다. 아픔이 있기 때문에 환희가 있다. 왜 그리움이 있는가? 이별이 있기 때문이다. 기쁨밖에 없는 기쁨? 내겐 끔찍하다.

분명 지옥, 천국과 관련한 이런 고민을 나만 하는 것은 아닐 것이다. 누구나 힘든 고민을 놓고 나름의 방법으로 해결하려고 한다. 그중 대표적인 사람이 세계적인 복음주의자 존 스토트 박사다. 존 스토트 박사는 지옥을 받아들이지 않았다. 그는 이렇게 주장했다.

"사랑의 하나님이 아무리 믿지 않은 영혼이라고 해도 그 영혼을 영원히 지옥 속에 놔둘 리 없다. 하나님을 믿지 않는 영혼은 그냥 사라질 뿐이다."

존 스토트는 이른바 영혼 소멸설annihilationism을 지지했다. 그는 영혼 소멸설이 단순히 자신의 견해가 아니라 성경의 분명한 가르침이라고 주장했다. 그러나 나는 지옥에 관하여 분명하고 확고한 예수님의 가르침을 생각해볼 때 그의 주장을 도저히 수용하고 싶지 않다.

백 번 양보해 사랑하는 사람이 지옥에서 영원히 고통을 받는다는 그 사실을 받아들이기 힘들어, 내가 존 스토트 박사의 영혼 소멸설을 믿는다고 해도 내게 달라지는 것은 없다. 믿지 않는 영혼은 지옥 가는 것이 아니라 아예 소멸된다? 이것 역시 끔찍하기는 매한가지다. '사랑하는 누군가가 흔적도 없이 완전히 사라지는 것보다는 차라리 지옥에 있는 것이 더 낫지 않을까?' 하는 생각이 들기 때문이다. 이 하늘 아래 어디에라도 살아 있으면 그나마 희망이라도 있지만 아예 없어진다면 그 남은 희망 자체도 사라질 테니까. 내게는 영혼을 영원히 지옥 속에 두는 것이나 아예 흔적도 없이 사라지게 하는 것이나 별반 달라 보이지 않는다. 더 이상 존재하지 않는 내 자식, 내 아내, 내 부모를 생각해보라.

어쨌든 그래도 존 스토트 박사는 "주님이 다 알아서 해결해주실 텐데 뭘 고민하세요?"라고 말하는 사람들보다는 백 번, 천 번 낫다. 최소한 그는 자신이 믿는 신앙을 놓고 진지하게 고민했으니까.

내게 성경은 나 편하자고 뺄 거 빼고 더할 거 더하는 대상이 아니다. 힘을 주고 위로를 주는 구절 몇 개만이 나에겐 성경이 아니다. 내게 성경은 만사형통을 약속하는 구절들만 모아놓은 주문이 아니다. 내게 성경은 내 신앙의 전부다. 내게 성경은 그 전체가 분명한 진리이거나 그게 아니라면 다 아닌 것이다. 그렇기에 성경 전체를 관통하는 분명한 논리뿐 아니라, 비록 내 마음에 들지 않는 주장들도 내게는 너무 중요하다. 기독교 신앙은 '진리'의 문제이지 내 '유익', '이익'의 문제가 전혀 아니기 때문이다. 나는 기독교가 진짜라서 믿는 것이지 내게 유익을 줘서 믿는 것이 아니다.

부모에게 자식은 사랑의 대상이지 유익의 대상이 아니다. 자식이 고통만 준다고 해도 자식은 자식이다. 자식을 사랑하지 않지만 자식이 유익을 주기 때문에 부모 자식의 관계를 유지하는 사람이 있을까? 부모 자식의 관계에서 가장 중요한 것이 '사랑'이듯 기독교와 나 사이에서 가장 중요한 문제는 진짜 '진리'다. 그것 앞에서 내 마음이 편한지 안 편한지는 내게 부차적인 문제다.

이런 점에서 나는 자기 편한 대로 성경을 해석하고 믿는 사람들이 세상에서 가장 신기하다. 왜 사회운동에 예수님을 갖다 붙일까? 왜 노동운동의 모델로 예수님을 세울까? 차라리 전태일이 낫지. 여성해방 주장에 왜 예수님이 등장할까? 예수님의 열두 제자 중 여성이 한 명이라도 있었나? 예수님의 관심은 이 세상이 아니었다. 그분의 관심은 오로지 십자가와 이 세상 너머의 하나님 나라였다. 왜 사람들은 예수님을 자기가 추구하는 이데올로기에 마구 갖다 붙일까? 효도 이야기를 할 때도 그 모델은 예수님, 바람직한 부부의 관계를 이야기할 때도 예수님이 모델이다. 솔직히 말해 예수님이 효자였나? 예수님이 결혼을 했나?

나는 확신한다.

'기독교를 제대로 믿으려면, 골수 근본주의자가 되어야 한다'라고.

성경 말씀을 철저히 문자에 근거해 받아들이는 근본주의

자가 아니라면, 자신의 기독교 신앙을 다시 한 번 들여다보고 점검해야 한다. 물론 스스로 근본주의자이고 성경을 있는 그대로 믿는다고 말하지만 사실상 그 말씀에 전혀 '관심 없는' 사람들도 마찬가지다.

내 생각에 오로지 성경에 의존하는 기독교는 성경의 주장들 중 단 하나라도 무너지면 다 무너진다. 그렇기 때문에 나는 내 마음 편하자고 성경의 분명한 진술까지 왜곡할 수 없다. 내 마음대로 왜곡하면서 믿는다? 세상에 그런 식으로 해서 못 믿을 게 뭐가 있을까? 내가 좋아하는 것들, 내 구미에 맞는 것들만 선별해 믿는다면 말이다.

그런 의미에서 아담이 만약 역사적 인물이 아니라 단순한 신화적 인물이라면? 내게 기독교는 끝이다. 아담이 저지른 죄가 일종의 비유인데 구원과 십자가가 무슨 역사적 의미를 가질 수 있는가? 하물며 아담이 비유라는데 예수와 십자가 그리고 부활은 비유가 아니라는 근거가 도대체 어디에 있는가?

복음의 정수, 로마서는 아담과 예수님을 역사적 동일선상에 놓고 비교한다. 범죄를 저지른 첫 번째 아담과 그 죄를 해결하신 두 번째 아담 예수 그리스도를 말이다. 아담이 신화적 인물이라면, 바울의 로마서는 내게 코미디다. 그렇기에 성경이 말하는 지옥은 내게 큰 고민을 안긴다. 내가 어떻게든 해결해야 하는 고민이다.

두 번째 고민은 요한계시록에서 묘사한 천국의 이미지들, 이를테면 과일 먹고, 노래하고, 황금길 등등……. 물론 이 정도는 비유적인 표현이라고 얼마든지 이해할 수 있다. 문제는 이 천국의 모습들이 내게 전혀 감동을 못 주고 어떠한 갈망도 주지 못한다는 점이다.

사실, 이슬람이 묘사하는 천국은 매우 구체적이다. 이슬람은 특히 숫총각 순교자가 가는 천국을 대단히 성적으로 묘사한다. 총각인 상태로 순교하는 경우 그는 천국에서 열일곱 명(이 숫자는 정확하지 않다)의 숫처녀와 매일 돌아가면서 밤을 보낸다고 한다. 게다가 순서가 다 돌아 다시 만나는 여자는 항상 처녀의 상태가 되어 그를 만난다고 한다. 그뿐 아니다. 숫총각 순교자가 있는 가족의 경우, 그 순교자의 직계가족은 어떤 죄를 지어도 천국에 들어간다고 한다. 그러니 가족을 사랑하는 사람에게 숫총각 순교는 굉장히 큰 매력으로 다가올 수 있다. 내가 잘 몰라서 그렇지, 이슬람이 묘사하는 천국은 이뿐만이 아닐 것이다.

이에 비해 우리 기독교가 말하는 천국의 모습은 너무도

빈약하다. 나는 최근에 나온 『3분』Heaven is for Real과 같은 허접 쓰레기가 기독교 안에서 불티나게 팔리는 가장 큰 이유가 바로 여기에 있다고 본다. 천국에 관한 교과서(성경)의 내용이 너무 없으니까 그 내용을 마구 부풀려 자기 편한 대로, 자기 희망 사항들로 가득 채운 엉터리 참고서들이 판을 치는 것이다. 천국을 사모하고 싶은데 성경이 말하는 내용만 봐서는 도저히 사모함이 생기지 않는 많은 사람의 열망을 반영하고 있는 것이 아닐까?

100퍼센트 확실하지는 않지만 요한계시록 내용으로 볼 때 천국에서는 더 이상 육식이 허용되지 않는 것으로 보인다. 이 경우 고기를 좋아하는 사람들에게 과연 천국이 천국일 수 있을까? 물론 결혼도 없고 그러니 더 이상 이성 간의 사랑도 없을 테고······. 이런 의문에 혹자는 이렇게 말할 것이다. 천국을 이 땅의 기준으로 생각하니까 그런 말도 안 되는 고민을 한다고, 천국에서는 천국의 룰이 적용될 테니 이 땅의 현실을 적용시켜 고민할 필요 없다고 말이다. 그런데 이 땅에 사는 내가 '이 땅의 기준'으로 생각하고 판단하지, 그 이상의 사고가 가능하기나 할까?

나는 죄를 회개하고 구원받는 이 모든 과정이 지금 이 땅에 사는 우리 자신의 이성적 판단에 근거해 이루어져야 한다고 생각한다. 이런 점에서 '나는 죄인이니 구원이니 하는 말들이 도통 무슨 소리인지 모르겠지만 그냥 그렇다니까 그런 거겠지……' 하고 넘어가는 사람이 있다면 그것은 문제 아닌가?

흔히 천국을 사모하라고 한다. 하지만 천국이 지금 이 땅에서는 도저히 머리로 그릴 수 없는 하늘의 법칙에 의거해 이뤄질 상상 밖의 세상이라면 그것을 어떻게 사모할 수 있을까? 한 번도 아이스크림을 먹어본 적이 없는 아이에게, 아이스크림의 맛이 어떤지 모르는 아이에게 아이스크림을 사모하라고 말하는 것과 무슨 차이가 있을까?

천국, 지옥과 관련한 나의 고민 중 심각한 것 두 가지만을 이야기했다. 이 중에서 특히 두 번째 고민은 오늘날 우리 교회가 왜 이 모양 이 꼴인지를 잘 설명하는 단초가 된다. 우리 교회가 정말로 천국을 사모한다면, 성경이 말하는 '예수님의 재림'을 심각하게 받아들인다면 오늘날처럼 교회가 결코 욕을 먹지 않을 것이다. 요한계시록을 쓴 요한의 마지막 고백처럼 "주 예수여 어서 오시옵소서"가 우리의 간절한 진짜 기도가 된다면 솔직히 다른 기도 제목들이 뭐가 필요할까? 정말 내일이라도 당장 오실 예수님을 믿고 그렇게 산다면, 이 땅에서 오늘을 사는 우리에게 '가장' 중요한 우선순위가 무엇이 될까?

나는 미국에서 자주 출장을 다녔다. 출장 가면 자연히 호텔에서 자게 된다. 나는 한 호텔에서 며칠을 지내는 경우도 있었지만 그 며칠 편하자고 내 기호에 맞는 개인 물품을 따로 산 적이 없다. 호텔 침대가 아무리 불편해도 그냥 참지 침대 매트리스를 바꾼 적도 없다. 왜냐하면 내게는 돌아갈 집이 있고 호텔은 말 그대로 그냥 며칠 머물 임시 장소에 불과하니까.

과연 우리는 돌아갈 진짜 집 천국을 사모하며 이 세상을 이른바 '나그네'로서 살고 있는가? 나는 아닌 것 같다. 그래서 고민하고 아파하며 죄책감에 시달린다. 그렇기에 강단에서 천국을 외치고 재림을 외쳐도 실상 이 세상에만 목을 매는 많은 목회자들을 이해한다. 그들 역시도 천국을 사모할 수 없을 테니까. 이 땅에서 하루라도 더 살고 이 땅에서 누릴 수 있는 것을 조금이라도 더 누리고 싶은 그들의 마음을 백 번 이해한다.

자, 그렇다면 결론은 무엇인가? 어쩌자는 것인가?

나는 이렇게 생각한다.

'나는 이런 고민을 부끄러워하지도 않고 그렇기에 감추려고도 하지 않는다. 그냥 나 자신에게 솔직하고 내 이성을 최대한 쓰면서 앞으로 더 고민하고 더욱 애쓸 것이다.'

그게 나이고 그게 나의 삶이니까. 나 자신을 들여다보며 가장 정직하게 사는 것……. 이것이 나를 이런 모습으로 만든 하나님께 내가 드릴 수 있는 최고의 예배이고 그분을 가장 기쁘게 하는 길이라고 생각하니까. 하나님은 모든 사람이 다 똑같이 생각하는 것, 비유하자면 규격화된 붉은 벽돌들로만 가득 찬 세상을 원하지 않으리라.

나는 내 딸이, 내 아들이 나와 똑같은 사람이 되는 게 싫다. 나는 그들이 자신만의 모습으로 살아가길 바란다. 부모라면 당연한 것 아닌가? 마찬가지다. 하나님은 나의 아버지다. 그분이 내게 원하시는 것 또한 그런 게 아닐까? 나는 나를 설득시키지 못하는 명제를 믿음이라는 우격다짐의 이름으로 내 속에 쑤셔 넣지 않을 것이다. 불확실성이 주는 불안이 아무리 크더라도 가장된 진실로 그 불안을 달래지도 않을 것이다. 그냥 이렇게 한 걸음씩 진짜 진리를 향해 걸어갈 것이다.

EPILOGUE

나는
갑각류 크리스천이었다

굳이 그럴 필요까지는 없었다.

우리가 굳이 "전도 집회를 하겠다!"고까지 요란을 떨 필요는 애초에 없었다. 그런데 막상 일이 너무도 커져버렸다. 목사님이 흔쾌히 우리의 요청을 받아들였던 것이다. 설마 허락하실까, 하는 의구심에 어렵게 꺼낸 요청에 목사님은 순간의 망설임도 없이 말하셨다.

"그래, 그거 아주 좋은 생각이구나. 너희의 찬양을 통해서 하나님께서 어떻게 일하시는지 우리 한번 보도록 하자."

당시 고등부 부회장이었던 정수와 총무였던 나, 약 1년 전부터 중고등부 안에서 나의 공인 애인이었던 미숙이, 그리고 교회에 발을 들이자마자 정수의 마수에 걸려 얼마 전부터 그와 본격적인 '교제'를 시작한 수진이, 그렇게 네 명의 고등학교 2학년생들은 4중창단을 만들었다. 겉으로는 찬양을 통해 복음을 전하겠다는 핑계였지만 실상은 뭔가 그럴싸한 '거리'를 만들어 교회 내에서 좀 더 자주 그리고 당당히 만나고 싶은 간절한 열망의 산물이었다. 하지만 중창단은 명색이 '선교'를 목적으로 하는 만큼 우리는 무엇보다 중창단의 이름에 공을 들였다. '길', God Is Love의 첫 알파벳 GIL을 떼서 만든 이름이었다. 이 이름을 놓고 우리 넷은 참으로 흡족해했다. 이 한 글자의 이름만으로 이미 은혜가 넘치는 것 같았다. '길'이라는 이름은 하나님은 사랑이시라는 사실을 선포함과 동시에 예수 그리스도가 우리 인생의 유일한 '길'이라는 점까지도 더불어 알린다고 생각했기 때문이다.

우리 '길' 중창단은 고등학교 2학년 여름 방학 내내 교회에서 주야장천 만나 노래를 불러댔다. 포크 기타를 치는 정수와 클래식 기타를 연주하는 수진이, 오로지 몸으로 때우는 나와 미숙이……. 네 명은 방학 내내 아침부터 모여 잡담과 찬양을 매개로 당당한 '쌍쌍데이트'를 교회에서 즐겼다. 그런데 우리는 방학이 막바지를 향해 달려가는 어느 순간부터 뭔가 눈에 보이는 결과들을 사람들에게 보여줘야 한다는 압박감을 느끼기 시작했다. 중·고등부의 모든 사람이 다 알고 있었다. 우리 네 명이 서로 쌍쌍 애인이라는 사실과 더불어 시도 때도 없이 중창단 연습이라는 명목으로 교회에 모인다는 사실을 말이다. 따라서 우리가 느낀 압박감은 너무도 당연했다. 우리는 분명 우리에 대해 오해하고 있을지도 모르는 사람들에게 우리의 모임이 결코 세속적인 '쌍쌍파티'가 아님을 증명해야 한다는 무언의 압박을 느낄 수밖에 없었다.

그런데 돌이켜보면 어차피 우리 네 명은 당시 이미 교회에서 어느 정도 '내놓은' 인간들이었다. 달리 말해 아무도 관심도 갖지 않는 사람들이었다. 우리가 교회에서 매일 청소를 하든 아니면 매일 밤 철야를 하든 우리 가족들 말고는 별로 관심을 가질 사람들이 없었다. 따라서 우리에게 뭔가를 기대하는 사람들도 없었고 굳이 우리가 사람들에게 뭔가 '은혜로운' 결과물을 보여줄 필요도 없었다. 하지만 우리는 당시 그런 객관적인 시각으로 우리 자신을 볼 능력이 없었다.

결국 이 가련한 '길' 중창단은 어느 순간 '길'을 잃은 채 스스로의 가치를 교회 안에서 증명해야 한다는 말도 안 되는 부담감에 시달리기 시작한 것이었다. 넷이 합쳐봐야 420 남 짓 되는 아이큐를 모아 생각해낸 결과물은 '찬양전도집회'였다. 여름 동안 준비해서 2학기가 시작하면 바로 찬양 집회를 열자는 것이었다. 물론 목사님의 허락 여부가 좀 걱정이 되기는 했지만 말이다. 하지만 목사님이 반대한다고 해도 우리에게 손해날 것은 없었다. 그 경우 복음을 전하겠다는 '길' 중창단의 열정을 이해하지 못하는 목사님이 우리 대신 욕을 먹으면 되니까 말이다.

사실 우리가 내심 염두에 두고 있었던 목표는 동네에서 하는 허접스러운 '찬양전도집회' 정도가 아니었다. 우리의 최종 목표는 우리가 대학생이 되는 2년 후에 열릴 "MBC 대학가요제"였다. 한 명의 재수생도 없이 우리 네 명이 다 당당히 원하는 대학에 들어가 지금처럼 손에 손을 맞잡은 채 대학가요제에서 노래하는 모습은 이미 함께 있음으로도 충분히 뛰고 있던 우리의 가슴을 더 뛰게 만드는 황홀한 꿈이었다. 우리는 감히 대학가요제에서 대상을 바라지는 않았다. 하지만 우리가 이 지옥 같은 고등학교 시절을 잘 버티고 2년 후에도 여전히 서로를 아끼는 쌍쌍 애인으로서 대학가요제에 함께 출전한다는 목표만으로도 우리는 이미 여름 내내 충분히 행복할 수 있었다.

'길' 중창단은 찬양 집회를 위해 약 20곡을 준비했다. 나와 수진이가 이중창으로 부른 '엠마오 마을로 가는 두 제자'에서부터 네 명의 화음이 거의 비틀스 수준으로 돋보였던 '오순절 거룩한 성령께서 충만한 은혜 주신다' 등등 당시 중·고등부에서 흔히 불리던 인기 있는 가스펠송들이었다. 우리는 그 스무 곡 속에 빼지 않고 영어 가스펠송도 몇 개 넣었다. 팝송인지 가스펠송인지 지금도 구분할 수 없는 'Morning has broken'과 'The man from Galilee' 등등의 곡이었다.

'길' 중창단의 '찬양전도집회'에 대한 광고는 집회가 열리기 3주 전부터 중·고등부 주보에 실리기 시작했다. 처음 광고를 봤을 때 나는 왠지 모르게 얼굴이 화끈거리고 어디론가 숨고 싶었다. 선배나 후배 중 누가 행여나 이 찬양전도집회에 대해 구체적으로 묻지나 않을지 두렵기까지 했다. 다행히 교회 안에서 이 찬양전도집회에 관심을 가지는 사람은 거의 없어 보였다. 그때 나는 순진하게도 다들 조용히 기도로 우리를 돕고 있구나, 라고 생각했던 것 같다. 지금 생각하면 중고등부의 그 어느 누구도 찬양 집회에 대해 일절 언급이 없었던 것은 한마디로 이러쿵저러쿵 말할 가치가 없었기 때문이리라. 목사님은 찬양전도집회가 주보에 나온 첫 주일에 다음과 같이 간략하게 언급하셨던 것 같다.

"이번에 우리 네 명의 형제자매가 (두 쌍의 연인이) 여름 내내 기도와 땀을 흘리며 (마냥 히히덕거리며) 준비한 찬양들을 가지고 안 믿는 친구들을 전도하기 위해 찬양 집회를 엽니다. 학교 친구들을 많이 초청해서 이번 기회에 안 믿는 친구들이 예수님의 복음을 들을 수 있도록 합시다."

9월 둘째 주 토요일, 마침내 찬양전도집회가 열렸다. 내가 제발 와달라고 사정사정한 반 친구들 열 명 정도가 낄낄거리며 예배실로 들어오는 것이 보였다. 미숙이 친구들도 몇 명 온 것 같고 정수와 수진이 반 친구들도 몇 명씩은 온 듯했다. 그날의 집회가 '부흥 집회'가 아니라 '전도 집회'여서 그런지 우리 중고등부를 다니는 친구들은 거의 보이지가 않았다. 이렇게까지 사람들이 안 올 줄 알았으면 차라리 이름을 '전도 집회'로 하는 게 아닌데, 하는 때늦은 후회가 밀려왔다. 하지만 '길' 중창단이 주체가 되는 한 집회 이름을 무엇이라 했더라도 중고등부에서는 아무도 오지 않았을 것이다. 중고등부 내 '길' 중창단의 위상에 대해 여전히 객관적으로 판단하지 못했던 우리는 학교 친구들밖에 없는 그날의 청중들이 너무도 실망스러웠다. 우리가 애초에 이 집회를 기획한 이유 중 하나가 중고등부에게 우리가 단지 연애만 하는 사람들이 아님을 증명하기 위해서가 아니었던가? 하지만 이미 늦은 일이었다. 고작해야 스물다섯 명 남짓 되는 학생들 사이에 앉아 계신 목사님의 모습으로 위로를 삼는 수밖에 없었다.

집회의 시작을 장식한 목사님의 간략한 인사와 기도가 끝나자 본격적인 '길' 중창단의 찬양 메들리가 시작되었다. 우리는 나름대로 '프로다운' 모습을 보여주고 싶었다. 그래서 그냥 노래만 부르는 대신 중간중간 나름 준비한 코멘트를 넣어가며 듣는 사람들이 지겹지 않게 하려고 최선의 노력을 다했다. 하지만 나는 노래하는 중간중간 우리 반 친구들이 여기서 이러고 있는 나를 과연 어떤 눈으로 바라볼까 하는 생각이 수차례 내 머리를 스쳐 지나갔다. 그 생각은 다름 아닌 공부는 제쳐놓은 채 꾀꼬리처럼 교회에서 노래만 부르고 있는 내가 걔들 눈에 과연 정상으로 비칠까 하는 의구심이었다.

'내가 지금 무슨 생각을 하는 거야? 복음을 전하는 내가 담대함을 가지고 찬양을 부르지는 못할망정 이처럼 복음을 부끄러워하다니…….'

말도 안 되는 '내편한대로식' 로마서를 적용하며 나는 더 열심히 불렀다. 하지만 가능한 한 우리 반 아이들과는 눈을 안 마주치려고 애쓰면서……. 안타깝게도 학교 성적이 나랑

오십 보 백 보였던 우리 '길' 멤버들은 그날 하나같이 나와 같은 생각을 하고 있었던 것 같다. 지금도 그날 찍었던 사진들을 보면 우리 네 명의 표정은 모두 너무도 어둡고 심각하다. 이는 영락없이 장례식장에서 '요단강 건너 만나리'를 부르는 사람들의 분위기다. 게다가 사진 속의 네 명은 다 시선을 앞이 아닌 아래로 향하고 있었다. 그날 약 한 시간 반의 '찬양전도집회'는 목사님의 마무리 기도와 함께 지금 생각해도 어정쩡하게 끝났다. 목사님께서 기도하기 전에 뭐라고 한두 마디를 하신 것 같지만 내용은 전혀 기억나지 않는다. 우리 네 사람은 분명 결코 쉽지 않았던 공연이 무사히 끝난 것에 대한 안도감을 느꼈지만 다른 한편으로 우리의 뜨거웠던 1984년 여름이 마침내 그 마지막 자락에 다다랐다는 데에서 오는 말할 수 없이 진한 아쉬움을 실감할 수 있었다.

    그날 이후, 우리 '길'은 너무도 자연스럽게 해체되었다. 누가 강제로 해체한 것도 아닌데, 그냥 소리 없이 사라졌다. 나와 미숙이 그리고 정수와 수진이의 관계도 '길'이 없어지자 제대로 된 '길'을 찾지 못하고 얼마간의 갈등을 거치며 자연스럽게 정리되었다. 물론 우리 중 "MBC 대학가요제"에 출전한 사람은 아무도 없었다.

내가 대학에 들어가던 해 열린 "MBC 대학가요제"에서는 공교롭게도 내가 입학한 학교의 선배였던 유열이라는 사람이 대상을 탔다. 나는 그의 수상 소식을 접하며 채 피지도 못하고 요절한 중창단 '길'을 떠올렸다. 그나마 정수는 우리 중 유일하게 꽤 오랜 기간 음악과 관련된 일을 한 사람이다. 대학에서도 '뜨인돌'이라는 기독교음악동아리를 만들어 활동을 했고 사회에 나와서도 홍순관이라는 CCM 가수와 함께 활동했었다. 음악과 관련한 활동이라곤 고작해야 노래방에서 노래하는 것이 전부였던 나에 비해 정수는 그나마 우리 '길' 중창단의 자존심을 지켜준 셈이었다.

나는 얼마 전 어느 교회 고등부의 찬양전도집회를 보았다. 지금의 아이들은 과거 우리처럼 통기타를 들고 노래하지 않았다. 그들에게는 드럼이 있었고 우리로서는 상상할 수도 없었던 전자기타가 손에 들려 있었다. 우리는 '오순절 불 같은 성령'을 노래했으나 지금의 아이들은 손목과 허리를 흔들며 자막이 없으면 도통 알아들을 수 없는 빠른 랩을 쏟아내고 있었다. 나는 삐딱하게 모자를 쓰고 랩을 쏟아내며 복음을 전한다는 그들을 보며 30여 년 전 강남의 한 상가 교회 교육관에서 노래하던 '길' 중창단을 떠올렸다. 비록 오늘날 드럼에 맞취 랩을 쏟아내는 아이들이 30여 년 전 내가 알던 그 두 쌍의 고등학생들과 많이 달라 보일지 몰라도 어차피 그들은 그때의 우리와 그다지 다르지 않다. 교회를 무대로 삼아, 하나님을 핑계로, 공연에 열중한다는 점에서 말이다.

긍정의 메신저,
그는 갑각류 목사다

그는 긍정을 사랑한다.

긍정에는 모든 것을 살리는 힘이 있다. 목사인 그는 매주 강단에서 긍정의 메시지를 전한다.

"다 잘될 거야."

"안 되면 이상한 거야. 안 되는 게 기적이라니까?"

"무조건 잘될 거니까 그냥 그렇게 믿고 팍팍 밀어붙여."

그는 이런 메시지에 적절한 성경 구절을 갖다 붙여 매주 그의 모든 열정과 이른바 영적 생명을 담아 교인들에게 전한다. 사람들은 복잡한 것을 싫어한다. 그가 설교할 때, 교인들은 성경 구절을 해설하는 걸 특히 싫어한다. 물론 그도 싫어

한다. 성경 구절 해설 또는 해석……. 목사인 그도 어려운데 아무것도 모르고 그냥 헌금만 꼬박꼬박 내는 교인들이 뭘 알겠는가? 아니, 막말로 그들에게 성경 해석이 굳이 필요한가? 교인들은 그냥 다 천국만 갈 수 있다고 해주면 충분하다. 어려운 설교는 하는 사람이나 듣는 사람이나 피차 모두에게 힘들다. 그는 안다. 사람들이 무엇을 제일 좋아하는지를…….

사람들은 이야기를 좋아한다. 그러나 이야기라고 다 이야기가 아니다. 이야기는 재미있거나 감동적이어야 한다. 사람들의 가슴에 제대로 박히는 이야기는 최소한 눈물 한 방울이라도 찔끔 나오도록 하는 그 무엇이 있어야 한다.

그는 이런 이야기를 찾는 데 일주일의 가장 많은 시간을 들인다. 그는 이런 이야기를 찾기 위해 부지런히 책과 신문을 읽는다. 이런 이야기를 끄집어내기 위해 끊임없이 사람들을 만난다. 그렇다. 감동적인 이야기들, 그중에서도 특히 성공한 사람들의 이야기나 고난을 극복하고 폼 나게 재기한 사람들의 이야기……. 이런 이야기들을 많이 해주면 해줄수록 사람들의 눈은 반짝거린다.

사람을 움직이는 이야기의 중심에는 언제나 '긍정의 힘'이 키포인트로 자리 잡고 있다. 그리고 이 긍정의 힘을 전달하는 통로가 바로 그의 설교다. 비록 단순하기 이를 데 없지만 사람을 변화시키고 매주 자기도 모르게 최면에 걸린 듯 교회를 찾게 하는 메시지의 힘, 그 설교의 힘이 바로 긍정적 에너지에서 나온다.

그는 긍정의 설교를 통해 교회 다니는 사람들이 무엇보다 금기시하는 이혼조차 긍정의 에너지로 바꾼다. 막말로 새롭게 다시 출발하는 것 이상 이 세상에서 더 긍정적인 것이 어디 또 있다는 말인가?

그가 이혼에 대해서 그토록 강한 긍정의 파워를 싣고 설교한 이후 등록 교인 수가 부쩍 늘었다. 그의 생각은 솔직하다. 이혼과 같이 이미 벌어진 일……. 그냥 끝장난 상황을 바라보며 울고만 있지 말고 그 안에서조차도 긍정의 에너지를 뽑아낼 수 있다면 뽑자는 것이다. 그리고 그 역할을 누구보다 하나님의 말씀을 전하는 목사가 해야 한다는 것이 그의 지론이다.

'이혼 그리고 긍정의 힘'이라는 제목으로 설교한 그날, 그가 이야깃거리로 삼은 성경 본문은 구약의 룻기였다. 룻의 남편이 죽고 혼자 시어머니를 모시던 룻이 보아스와 재혼하고 잘살게 된 이야기……. 비록 룻이 이혼하지는 않았지만 어차피 새로운 출발이라는 점에서 사별이나 이혼이나 동일하지 않은가? 이것이 설교자가 마땅히 말씀을 가르칠 때 행사해야 하는 본문 적용의 힘이다.

그런데 말씀을 이리저리 자르고 붙이며 마구 적용하는 그에게도 한 가지 고민이 있다. 아무리 안 그렇게 보려고 기를 써도 성경 안에는 부정적인 내용이 너무도 많다는 사실이다. 이리저리 시도 때도 없이 여호와께서 수천수만은 장난이고, 아니 인류 전체까지도 다 죽여버리는 이야기로 가득 찬 구약까지는 굳이 갈 것도 없다. 신약만 해도 부정적인 메시지는 곳곳에 널려 있다.

그중에서도 지옥이 가장 대표적인 예다. 다른 사람도 아니고 예수님이 지옥에 관하여 가장 많은 이야기를 했다. 그는 여전히 이 사실을 받아들이는 데 주저한다. 왜 예수님은 그 좋은 천국 이야기를 거의 안 하고 주로 지옥 이야기만 하셨을까……. 도대체 그는 이해하려야 할 수가 없다. 누구보다도 우리가 긍정적으로 이 세상을 살기 바라는 예수님이 왜 그러셨는지 그는 당최 이해하지 못한다. 물론 그는 확신한다. 예수님이야말로 이 세상에 발을 디디고 살았던 사람들 중 가장 긍정적인 분이었다는 사실을 말이다. 그런데 왜 하필이면 인류 역사상 가장 긍정적이었던 예수님이 그토록 지옥에 집착하신 것일까?

그에게는 정말로 골치 아픈 문제다. 끝도 없이 영원한 고통의 지옥에서 도대체 무슨 긍정적인 메시지를 끄집어낼 수 있을까? 그가 이 지옥 문제를 놓고 얼마나 깊이 고민했는지는 아무도 모른다. 그 속에서조차 긍정의 메시지를 찾아내려고 그가 얼마나 고통스러워했는지 말이다. 그러나 그는 할 수 없었다. 지옥이라는 영원한 고통에선 티끌만한 긍정도 찾아낼 수 없었다.

결국 그는 지옥으로부터 긍정을 찾으려던 자신의 욕망을 십자가에 못 박았다. 지옥 문제를 긍정적으로 바꾸기 위해 그의 설교를 듣는 사람들에게만은 이 지옥 이야기가 해당되지 않는다고 강조하거나, 아니면 아예 지옥 이야기를 빼며 지옥의 '지' 자도 언급하지 않는 것이다. 그는 특히 후자를 선호했다. 그 이후로 그는 목회를 하면서 단 한 번도 '지옥'이라는 단어를 뱉은 적이 없다. 그러다 보니 천국이라는 단어도 내뱉지 않았다. 천국을 이야기하려면 어쩔 수 없이 지옥을 언급해야 하니까.

대신 그가 한 주도 빼먹지 않고 강단에서 언급하는 단어가 있었는데, 그것은 그가 제일 좋아하는 성경 단어인 '축복'이다. 사람들은 다 축복을 받길 원한다. 그래서 그가 제일 좋아하는 찬양도 '축복송'이다. 물론, 그는 축복이라는 단어가 들어간 찬양이라면 모두 다 좋아한다. 그의 집 개 이름도 '축복'이다. 그가 담임목사로 이끌고 있는 교회 이름은 '축복의교회'다.

하지만 아무리 사방팔방 '축복'으로 도배해도 그에게는 해결되지 않는 근본적 문제가 있었다. 바로 성경이었다. 성경은 아무리 보아도 축복보다는 죄, 회개, 애통, 슬픔, 눈물의 내용이 압도적으로 많았기 때문이다. 아이러니하게도 그가 가장 사랑하는 하나님의 말씀이 그에게는 가장 큰 고민거리인 것이다. 게다가 가끔씩 성경이 가진 부정적 모습들을 거론하며 그에게 개인적으로 질문하는 사람들도 있으니까. 조금 전에도 구역장으로 일하는 박 집사가 그에게 폭탄 같은 메일을 보냈다.

'목사님, 저는 목사님의 긍정적이고 축복으로 가득 찬 설교를 참 좋아합니다. 이게 제가 다른 교회에서 이 축복의교회로 옮긴 이유이기도 합니다.

목사님, 제가 요즘 개인적으로 매우 어려운 일을 겪고 있습니다. 그래서 아침마다 성경을 읽기 시작했습니다. 말씀으로 이 어려움을 극복해보려고 말입니다. 사실, 부끄럽지만 제가 지금까지 한 10년 교회를 다녔는데 이렇게 혼자 성경을 읽는 것은 처음입니다. 그 유명한 산상수훈이라는 부분을 이제야 소리 내서 읽었습니다.

목사님, 그런데 그 팔복이라는 게 말입니다. 제 눈에 별로 복같이 느껴지지가 않습니다. 울라고 하고, 핍박받는다고 하고, 가난해지라고 하고…….

이게 무슨 복입니까? 이런 복 저는 별로 받고 싶지 않습니다. 그런데 왜 예수님은 그런 것을 복이라고 합니까? 그리고 이 말도 안 되는 팔복이 왜 유명합니까? 목사님, 좀 가르쳐 주세요. 가뜩이나 힘든 상황인데 말씀 때문에 오히려 더 머리만 아픕니다.'

그는 이메일을 받고 머릿골에 두통이 와서 죽는 줄 알았다. 정말로 옛날 중세 시대가 좋았다. 일반 사람들은 라틴어로 쓰인 성경을 읽을 수 없었다고 하지 않은가? 그러니까 신부들이 읽어주는 대로, 알려주는 대로만 듣고 살았을 터……. 그가 당시 신부였다면 정말로 사람들에게 꼭 필요하고 중요한 축복의 말씀들만 전하고 살았을 것이다.

'성경을 모든 성도의 손에 들려준 마틴 루터는 뭔가 큰 실수를 한 게 틀림없다'는 게 그의 생각이다. 그래서 그는 매일 혼자 성경 보고 고민하는 큐티 같은 것을 안 좋아한다. 그조차도 읽어서 무슨 말인지 잘 모르겠는데 평신도들이 뭘 안다고 매일 성경을 읽는가? 그냥 주일에 그가 가르쳐주는 것만 들어도 충분한데 말이다. 그가 알려주는 것만 지키고 살아도 일주일이 빠듯할 텐데…….

그는 신경질적으로 앞 머리칼을 올린다.

'도대체 이해할 수가 없어. 교인들이 성경 공부 많이 해서 머리가 커지면 목사를 들이받는다는 말을 남긴 그 압구정동 모 목사님의 말씀은 새기면 새길수록 명언이라니까! 성경에 무식하면 어때? 그냥 생각 없이 내 축복의 말씀대로 살면 그게 행복인데, 왜 그렇게 다들 난리인 거야?'

어떻게 답을 해야 할까……. 이메일을 한참 노려보던 그는 한때 간직했다가 저도 모르게 잊었던 지난날의 꿈을 새삼스럽게 상기한다. 인생은 참 아이러니다. 그에게 두통을 준 메일에서 그는 상쾌한 산소를 찾은 것이다. 신학생 시절, 너무도 부정적인 말들이 많은 성경을 보며 영적 고통에 시달릴 때 주님이 그 마음속에 주신 바로 그 꿈…….

'긍정 성경!'

그렇다. 그는 궁극적으로 성경 속에 등장하는 부정적인 말들을 다 없애고 오로지 축복의 말씀으로만 가득 찬 진정한 성경인 '긍정 성경'을 새롭게 편찬하고 싶은 꿈을 가지고 있었다. 하나님이 그에게 주신 거룩한 꿈이었다. 아니, '거룩'이라는 단어도 많은 사람에게 부담을 준다. 가능하면 안 쓰는 게 좋다. 부담감은 결코 긍정적인 감정이 아니니까.

그 꿈을 까맣게 잊고 있었던 그는 박 집사의 메일 덕분에 꿈을 다시 찾게 된 것이다. 그런 면에서 박 집사의 메일은 그에게 너무도 긍정적인 효과를 가져다주었다. 그 집사의 메일이 그에게 축복이 된 것이다. 긍정의 힘, 긍정의 삶은 바로 이런 것이다.

그는 박 집사에게 당장 답장을 쓴다.

'박 집사님, 감사합니다. 집사님으로 인해 제가 잠시 잊었던 하나님의 꿈을 다시 찾았습니다. 할렐루야!

오늘부터 저는 그동안 잊고 있었던 그 꿈을 기도로 준비하며 다시 살 것입니다. 감사합니다. 정말 너무도 감사합니다.

하나님께서 박 집사님을 통해 일하심을 확인하는 축복된 하루였습니다.'

박 집사가 진정 하나님의 사람이라면 그의 답장을 읽는 것만으로 그 집사의 모든 쓸데없는 의문은 사라질 것이다. 그리고 그 역시 앞으로 성경을 읽으며 오로지 축복의 말씀에만 눈이 뜨이고 굳이 보지 않아도 되는 말씀에는 알아서 눈이 감기는 역사가 일어날 것이다.

그렇다. 긍정 성경의 탄생이야말로 어쩌면 21세기에 하나님이 원하시는 진정한 종교개혁이 될 것이다. 아이디어들이 그의 머릿속에서 번쩍번쩍 떠오르기 시작한다.

'우리가 꼭 알아야 할 긍정적인 구절은 빨간색으로 표시하는 것이 좋겠어.'

어떤 성경은 예수님의 말씀을 빨간색으로 표시하지 않았던가. 그는 여기서 아이디어를 얻은 것이다.

'여기서 한 단계 더 나아가자면 긍정적인 구절을 크고 굵은 볼드체로 표기하는 것도 가능하겠지.'

하지만 그가 궁극적으로 원하는 긍정 성경은 오로지 긍정적인 구절들만 모아서 만든 얇은 성경이다.

얇은 긍정의 성경…….

진리는 페이지, 면수에 있지 않다. 성경이 단 한 페이지로 되어 있으면 어떠랴? 긍정 성경이 사람을 살리는데 말이다.

무엇보다 얇아져서 누구에게도 부담을 주지 않는 긍정 성경은 그 자체로 이미 매우 긍정적이다. 성경 그 어디를 펴도 인생의 활력과 삶의 에너지를 주는 말씀만으로 모인 긍정 성경은 사람들을 살리는 것에서 한 발 더 나아가 이 세상에서 오해받는 하나님도 함께 살리는 성경으로 발돋움할 것이다.

그는 거울을 본다. 무언가가 달라붙은 듯한 그의 얼굴에 회심의 미소가 번진다.

테리토스의 로고는 더 큰 지식의 세계로 들어가는 게이트를 상징합니다.
'영역'의 복수형인 territories를 줄인 말로, '확장성'을 내포하는 테리토스는
책을 통해 독자들의 삶과 정신세계가 더 깊고 넓어지기를 꿈꿉니다.

딱딱한 형식의 껍질 속에 불안한 속살을 감춘

갑각류 크리스천 레드 편

초판 1쇄 발행 2012년 5월 30일
초판 11쇄 발행 2012년 8월 15일

지은이 옥성호
펴낸이 김명호
펴낸곳 테리토스

등록번호 제321-2011-000152호(2011년 8월 8일)
주소 서울시 서초구 서초 1동 1443-26
전화 02-3489-4300 **팩스** 02-3489-4309

Copyright ⓒ 옥성호, 2012, *Printed in Korea*.
ISBN 978-89-967047-2-0 03230

※가격은 뒤표지에 있습니다. 잘못된 책은 구입하신 곳에서 교환해 드립니다.